AF607532

MANUAL DE INSTRUCCIÓN GENERAL DEL GRADO DE MAESTRO

Josep-Lluís Domènech Gómez

MANUAL DE INSTRUCCIÓN GENERAL DEL GRADO DE MAESTRO

| RITO ESCOCÉS ANTIGUO Y ACEPTADO |

Josep-Lluís Domènech Gómez

MANUAL DE INSTRUCCIÓN GENERAL DEL GRADO DE MAESTRO

| Rito Escocés Antiguo y Aceptado |

Historia y simbología

Serie Verde
[Libros prácticos de masonería]

Ediciones del Arte Real

Manual de instrucción general del grado de Maestro
Josep-Lluís Domènech Gómez

Diseño y maquetación:
EЯA | ALTA RESOLUCIÓN EDITORIAL

EDITORIAL MASONICA®
Colección «Libros Prácticos»
www.masonica.es

© 2024 Josep-Lluís Domènech Gómez
© 2024 EntreAcacias, S.L. (de la edición)

EntreAcacias, S.L.
[Sociedad editora]
c/Covadonga, 8
33002 Oviedo - Asturias (España)
info@masonica.es - pedidos@masonica.es

Primera edición: septiembre, 2024

ISBN (edición impresa): 978-84-19985-83-5
ISBN (edición digital): 978-84-19985-84-2
Depósito Legal: AS 01693-2024

Impreso por Podiprint
Impreso en España | *Printed in Spain*

Todos los derechos reservados.

Cualquier forma de reproducción, distribución, comunicación pública o transformación de esta obra solo puede ser realizada con la autorización de sus titulares, salvo excepción prevista por la ley. Diríjase a CEDRO (Centro Español de Derechos Reprográficos, www.cedro.org) si necesita fotocopiar o escanear algún fragmento de esta obra.

A Ágata,
mi esposa y Hermana.

«La Orden masónica es conocida
en todo el mundo, pero nadie
ha hablado tanto de ella
como los que menos la conocen».

J.M. Ragon

-¿Qué buscan los Maestros?
-La Palabra Perdida.
-¿Cuál es esta palabra?
-La llave del secreto masónico,
también denominado como
la comprensión de lo que
continua ininteligible a los
profanos y a los iniciados
imperfectos.
.../...

Pero más allá de las voces
de los espíritus
y las de los Maestros:
'¡Usa las fuerzas del bien!'».

Goethe

A MODO DE PROEMIO

«Quien busque el infinito
que cierre los ojos».

Milan Kundera

Con este volumen finaliza la trilogía iniciada con el *Manual de instrucción general del grado de Aprendiz* y el *Manual de instrucción general del grado de Compañero*, siempre dentro del seno del Rito Escocés Antiguo y Aceptado. Este trabajo sigue la historia, tradición y simbología esencial masónica.

El objetivo básico es continuar sustentando la progresión masónica de los Hermanos y Hermanas que han llegado al grado tercero de Maestro Masón. Ahora, desde visiones más amplias que en los estudios anteriores, se incide en perspectivas estructuradas dentro de una dinámica que combina la necesaria y perpetua instrucción pedagógica del masón con el asentamiento de buenos cimientos iniciáticos, esenciales para las nuevas tareas y deberes que este grado les otorga, asigna y exige.

La masonería, aunque no lo parezca, procede y discurre en sus enseñanzas por síntesis, ya que como organización filosófica procura encerrar el todo en la parte, ayudando a que las diferentes penetraciones intelectuales de cada uno de nosotros se materialicen en la práctica.

Todos estos conceptos previos se caracterizan por la conducta ordenada del sabio manejo del método masónico[1], estructurado en la meditación como antesala de la acción coherente, que será el medio más eficaz para la necesaria apertura de corazón y mentalidad por las vías diferenciadas del tiempo y del espacio.

Situados ya en el primer cuarto del siglo XXI y siempre con la concepción del *aggiornamento* práctico y necesario, debemos sustentar las vías del conocimiento y práctica de la masonería a partir de la revisión pausada, serena y experta de autores masónicos que nunca deben pasar de moda, y cuyas apreciaciones y matices sustantivan el conocimiento iniciático.

Bernardino Fioravanti, bibliotecario del Gran Oriente de Italia, glosaba al respecto aludiendo a la obra general de Oswald Wirth, destacando que, aun en la actualidad, una gran cantidad de Maestros considerados como racionalistas persisten en aconsejar a Aprendices, Compañeros y Maestros la lectura de sus libros[2].

Es necesario puntualizar que, a pesar de las nuevas ideas de difusión de la masonería, a las que hay que prestar atención, no se puede reducir y desdeñar unos usos masónicos coherentes y puros. Estos pueden enlazarse con las nuevas ideas de innovación que siempre se sustentarán con más eficacia partiendo del estilo y de la sobriedad de la añeja tradición como recios cimientos.

Me he esforzado en mantener vivo el espíritu simbólico del Maestro desde postulados tradicionales, pero sin dejar de lado

---

1 Existe un libro que yo considero esencial de mi amigo y hermano José-Luis Cobos, *El método masónico*. Ed. MASONICA, 2013.

2 Una venerable trilogía de base titulada: *La Francmaçonnerie rendue intelligible a ses adeptes*. Se trataba de 3 libros: para Aprendices, Compañeros y Maestros. Publicada en Francia de 1894 a 1922. El primero bajo la III República y en el año del asesinato del presidente Sadi Carnot en Lyon, coincidiendo también con el famoso caso de la condena del capitán Dreyfus.

una visión más coherente con nuestros tiempos. Porque creo sinceramente que, desde las claves que emanan de la Iniciación Masónica actual, los objetivos a cumplir siguen siendo los mismos de la filosofía de conceptos de 1894, contrariamente a la idea actual de que lo pasado es siempre desfasado y confuso[3].

[3] La esencia del desglose de las materias a tratar en la actualidad es no abordar en esta obra algunas disciplinas que, aunque comúnmente tratadas en masonería y practicadas por Oswald Wirth, no están verdaderamente relacionadas con el grado de Maestro. Ejemplos de estas disciplinas son el Martinismo (*Les Supérieurs Inconnus*), el Ocultismo (*La Puissance magique*) y la Cábala (*Les Sephirots*). En realidad, estas disciplinas no están íntimamente ligadas al tercer grado, que ya contiene suficientes materias a referenciar. Sin embargo, esto no implica que cada Maestro no pueda optar por estudiar y perfeccionar estas disciplinas por su cuenta.

REFLEXIONES A LOS NUEVOS MAESTROS

> «Mira hacia lo alto, la Plancha de trazar con la ayuda de la escuadra y el compás te ayudará a trazar los planos que te conducirán a acabar de construir tu propio templo».
>
> Aforismo masónico

En el primer grado fuisteis recibidos después de vuestra Iniciación como recién nacidos, *sin saber leer ni escribir*. Posteriormente, como Compañeros, experimentasteis una progresión horizontal. Recordad vuestra marcha de segundo grado que os permitió apartaros de la línea del Aprendiz para explorar simbólicamente el mundo exterior, siempre sabiendo volver a la regla y continuar el camino hacia la estrella.

Ahora habéis sido elevados a la Maestría. Me refiero a «elevación» y no a «exaltación», ya que esta última solo procede en otro rito, el del Arco Real del Rito Inglés.

Así pues, se puede decir que la luz resplandece de nuevo en el Templo y, en virtud de esta, la sabiduría arcana de Hiram renace virtualmente en vosotros. Ahora podéis ofrecer una respuesta sabia a la conciliación de los opuestos: Acción, Reacción y Síntesis.

Gracias a vuestro paso por el segundo grado y a vuestra posterior elevación, tenéis clara la noción del simbolismo iniciático de los tres malos Compañeros de la alegoría, que no son otros que el Orgullo, el Fanatismo y la Ambición.

Si recapituláis en el recuerdo de la ceremonia del tercer grado, recordad que vuestra entrada en el templo fue de espaldas, para que comprendierais vuestros errores del pasado y el esfuerzo que aún os resta en vuestra singladura masónica. Todo esto es gracias a haber vivido personalmente la Leyenda de Hiram y la ejecución de los cinco puntos de maestría.

Nunca olvidéis una máxima masónica, a la que los Maestros nunca debemos renunciar: «Mira hacia adelante y osa pensar».

BIENVENIDOS A LA CÁMARA DEL MEDIO

1
APROXIMACIONES HISTÓRICAS AL GRADO DE MAESTRO

«La tradición es custodiar el fuego, no adorar las cenizas».
Gustav Mahler

Compromiso y servicio

Al alcanzar el grado de Maestro, se abre ante el masón un vasto universo de labor y trabajo personal. Como se abordó en el volumen anterior, llegar a un grado no convierte a nadie en poseedor de una ciencia infusa. En ocasiones, cuando un masón llega al grado de Maestro, puede pensar que ya ha alcanzado todo dentro de la Orden. Habiendo recibido los tres grados, cree que no hay más por aprender. Este es un grave error que generalmente conduce a tristes deserciones masónicas hacia los valles del desencanto.

El compromiso aparece en tres niveles: primero, como desarrollo personal; segundo, como miembro de la Orden; y tercero, en la capacidad de proyectar y compartir la labor realizada con la sociedad profana. Aunque pueda parecer repetitivo, el trabajo efectuado hasta llegar al tercer grado, es decir, la doble formación en el seno de la logia propia, el ritual de cada grado, las tenidas y las ceremonias, ha influido en el inconsciente. El lenguaje simbólico utilizado por la masonería es rápidamente reconocido por aquellos planos que no se utilizan conscientemente, y el bagaje adquirido interactúa con la parte reflexiva, transformándose en un pensamiento o unidad de ser, que podemos definir como la progresión masónica.

Cada iniciado responde de diferente manera según su bagaje masónico. El uso sensato de la meditación puede ser clave para que empiece a funcionar el mecanismo de lo que somos, hemos sido y seremos, ayudándonos a asimilar la inmortalidad de la masonería.

Todo esto debe estructurarse en dos puntos esenciales. Por una parte, sustantivar la formación adicional que aporta la logia, como el compendio de libros de masonería y las planchas leídas y escuchadas. El masón debe conocer la instrucción de cada grado y la explicación del ritual y sus símbolos. De esta manera, el intelecto consciente aporta a los demás planos de conciencia las claves para descifrar los conocimientos masónicos. Por otra parte, es necesaria una cuidadosa preparación intelectual propia, recomendada anteriormente a los Compañeros, pero ineludible para el Maestro Masón.

Un Maestro debe aspirar a trabajar en su propia logia, primero como oficial, para que algún día pueda dirigirla como Venerable. Sin embargo, este no es el final del recorrido iniciático del tercer grado. Debe estar dispuesto a ocupar los cargos que la Orden le proponga, siempre con ánimo de servicio más que de ostentación, ya que precisamente la palabra «servicio» debe caracterizar este grado.

Nuestro rito, el R.E.A.A., permite y, según algunos, exige[4] continuar el trabajo masónico dentro de los grados filosóficos del escocismo, los denominados Altos Grados. Cualquier ma-

---

[4] Personalmente soy poco amigo de esa clase de exigencias, que, aunque con la buena intención y sentido, pueden enturbiar posibles buenas trayectorias masónicas. Y puedo afirmar que lamentablemente lo he vivido, a lo largo de mi singladura masónica.

són del Rito Escocés Antiguo y Aceptado puede aspirar, si lo considera oportuno, a alcanzar el grado 33°. Sin embargo, esta es una opción libre y no siempre dependerá únicamente de él. Esta opción de progresión masónica no debe ser olvidada por el nuevo Maestro, ya que podría encontrar respuestas a sus inquietudes intelectuales y masónicas.[5]

El masón debe comportarse de manera honesta y recta, con carácter y manifestaciones comedidas, lo que implica discreción y atención. El autocontrol y la capacidad de controlar el entorno deben ser la norma a seguir.

Finalmente, el nuevo Maestro, en su progresión y con el tiempo, puede prestar atención a aquellos profanos en su entorno que pudieran estar interesados en ingresar en la masonería. Sin embargo, es importante recordar que nuestra Orden proscribe el proselitismo. Muchos profanos habrían ingresado en la masonería si hubieran sabido cómo hacerlo. Debemos ser sensibles al mundo que nos rodea, ya que, a través de nosotros, alguien podría conocer de primera mano lo que significa ser francmasón.

La génesis del grado de Maestro Masón

A lo largo de los años, he observado que, en general, cuando se alcanza el tercer grado, aparte de cambiar de mandil y asumir nuevas ocupaciones y cargos en la logia, se inicia un comportamiento mecánico y monótono de rotación entre los nuevos Maestros Masones. De manera mayoritaria, se cumple la norma masónica de reconocer el trabajo personal de cada nuevo Maestro, asignándole poco a poco nuevas labores, y promoviendo el lento, inexorable y necesario rejuvenecimiento de la Cámara del Medio.

---

[5] Aquí me viene a la memoria una antigua divisa o admonición escuchada que viene a decir: «Cuando el discípulo está preparado, el Maestro se le aparece».

No hay duda de que esto debe ser así, pero hay más, mucho más. Es necesario tomar conciencia del grado. Esto significa conocer su génesis, es decir, sus fuentes y orígenes. En el grado de Maestro Masón, existe, aunque no lo parezca, un gran desconocimiento general.

Las preguntas son las siguientes: ¿Todos los que llegan a la maestría son conscientes del nuevo grado al que han llegado? ¿Qué saben del grado de Maestro? ¿Sienten interés por su historia y orígenes? He llegado a la conclusión de que pocos dedican una parte de su tiempo a estas tareas.

Es necesario disponer de información histórica de cada grado alcanzado y, especialmente, del tercer grado. El conocimiento histórico del mismo forja las bases para su mejor desempeño. Sin embargo, considero que la oferta bibliográfica histórica de la masonería en español es muy reducida en comparación con la de otros países como el Reino Unido o Francia. Aunque se ha iniciado una voluntariosa tarea de traducción de libros masónicos clásicos tanto en inglés como en francés, apenas hay libros a los que los masones españoles puedan acudir si no dominan estos idiomas.

Para la tarea del conocimiento del grado, que sin duda requiere la calidad de Maestro en nuestro rito, el Rito Escocés Antiguo y Aceptado, tenemos a nuestro alcance el libro *El origen de los grados masónicos*[6], que, aunque puede parecer voluminoso con sus 600 páginas, cumple con dos objetivos básicos para los nuevos Maestros y para la Maestría en general. No solo ilumina la historia del grado, sino que documenta de manera clara, concisa, ordenada y metódica la sucesión de los otros grados

[6] MORENO MORENO, Alberto. *El origen de los grados masónicos.* Ed. MASONICA, 2017.

que le siguen. Se convierte así en una obra necesaria y útil de consulta.

Otro aspecto necesario en la concienciación del grado del nuevo Maestro Masón es la idea de que, a partir de estos principios de instrucción, se tiene a disposición una gran cantidad de blogs y revistas digitales masónicas de solvencia contrastada. Es fundamental saber elegir y separar convenientemente estas fuentes de aquellas que solo contienen desinformación. Como razona Alberto Moreno: «La información más reciente y las teorías más modernas no se encuentran en los libros, sino en los blogs especializados y las revistas, antesala de su inclusión en los libros».

Las primeras sociedades iniciáticas: exploración exotérica y esotérica

Desde la antigüedad, coexisten dos enseñanzas al respecto. Una, la exotérica, dirigida a la sociedad en general, en la que podemos incluir las diversas religiones de la antigüedad, donde el clero exponía y desarrollaba sus dogmas, organizando grandes fiestas religiosas para celebrar el inicio de la primavera, las cosechas, las vendimias, el año nuevo, etc. Estas fechas estaban destinadas a evocar la intervención de los dioses y diosas en la vida de los hombres, con la floración intelectual adornando a héroes legendarios.

Por otra parte, la visión esotérica circunscribía la enseñanza espiritual de orden interior, reservada a los candidatos a la iniciación en templos y santuarios. Estas ceremonias iniciáticas recibían la denominación de Pequeños Misterios y Grandes Misterios. Esta enseñanza particular, diferenciada e iniciática recurría a la simbología y a un lenguaje específico y diferenciado.

Desde esta perspectiva, debemos asentar la idea de una lógica que no nos debe abandonar desde el principio. Las leyendas y mitos, que por naturaleza desafían toda interpretación sistemática, nos proponen un campo de reflexión casi inexpugnable y ricamente lleno de enseñanzas etéreas y pistas sugestivas, que nos abren paso a un nuevo mundo imaginativo y sutil, permitiendo una reflexión más rica en esencias espirituales y elevadas. Un claro ejemplo de este espíritu es la obra de Dante: «La Divina Comedia». El florentino nos propone un argumento especial con un itinerario iniciático, al describir con soltura y erudición el tránsito del Infierno al Paraíso, guiado por Virgilio y Beatriz a través de las sinuosidades etéreas de los diferentes círculos, atravesando el Purgatorio hasta llegar al Paraíso, donde finalmente contempla la luz divina. Este desplazamiento sinuoso simboliza el camino del alma hacia la iluminación y la purificación, representando la eterna búsqueda del conocimiento y de la verdad.

El Maestro Masón debe inscribirse directamente en esta herencia preciosa y espiritual, manteniendo una coherencia intelectual apropiada a su entorno particular. Los ritos iniciáticos en francmasonería se inscriben en este contexto.

El tránsito del arcano Arte Sacerdotal al Arte Real como esencia de la masonería

Wirth sostenía que lo que se asemeja tiende a agruparse. Razonaba que la similitud de caracteres, gustos, ocupaciones e intereses, así como de derechos y deberes, inducía y empujaba hacia el agrupamiento.

Afirmaba que los más sabios y reputados, aunque físicamente débiles, prevalecían con la sutileza del talento sobre la fogosidad irreflexiva de los fuertes, llegando con el tiempo a hacerse temer y venerar por las multitudes.

> El poder espiritual ha sido un factor primordial en el progreso humano. Fue el primero en domar la brutalidad instintiva, recurriendo a los únicos medios de los que disponía. Supo manipular los fantasmas de la imaginación para ejercer su influencia sobre la inmensa masa de espíritus groseros. Ese fue el punto de partida de este Arte Sacerdotal, que siempre ha desempeñado un papel principal en el gobierno de los hombres.[7]

Desde la perspectiva del grado, no debemos dejar de lado una visión general de la ruta de valores intelectuales que la tradición histórica nos ha legado. Aunque sin profundizar en demasía para evitar la dispersión, es necesario abordar esta cuestión.

Desde tiempos cercanos al inicio de la masonería especulativa, historiadores y eruditos avezados de la época constataban que uno de los deberes personales e ineludibles de los francmasones era instruirse globalmente. Debían dedicarse al estudio de las ciencias necesarias para desempeñar la labor masónica con garantías[8]. Esta circunstancia aún es válida en la actualidad, salvando las distancias desde los parámetros del contexto. Abordar lecturas históricas ayudará al Maestro a impartir sus conocimientos en la formación de Aprendices y Compañeros.

---

[7] WIRTH, Oswald. *El Libro del Maestro Masón*. Ed. MASONICA, 2017. p. 24.

[8] *Le vrai maçon* es un libro que contiene el catecismo del grado de Aprendiz, la apertura y clausura de las diferentes logias, la instrucción de mesa, los saludos generales y particulares, así como los deberes de los primeros oficiales a cargo. El libro está enriquecido con una infinidad de preguntas y respuestas simbólicas, y la explicación de los emblemas masónicos de la época. Fue impreso en Filadelfia en el año 5809 del calendario masónico, que corresponde al año 1809 del calendario gregoriano. Posteriormente se han impreso infinidad de libros, pasquines y documentos relativos a la preparación del pueblo masónico, al tiempo que se incorporaron antiguos textos considerados como fundamentales (*Landmarks*) para poder procederse a la enseñanza y a la datación histórica de antiguos rituales.

Cuando en masonería se utiliza el término «Arte Real,» se designa la práctica del perfeccionamiento y la interiorización de los valores intelectuales y espirituales que conforman las coordenadas globales de sus enseñanzas. Siempre queda una pregunta latente: ¿se trata del arte de la construcción, de la ciencia hermética o de ambos a la vez?

Para responder a esta pregunta, debemos estudiar técnicas adecuadas para alcanzar estos nobles objetivos. Podemos recurrir a las constituciones de Anderson.

En cuanto al arte de la construcción, existe un razonamiento lógico expresado en antiguos textos en los que los masones operativos consideraban su trabajo de manera especial: «Vuestra Alteza Real sabe bien que nuestra Fraternidad ha recibido a menudo la protección de personajes reales en el pasado, por lo que la arquitectura, nuestra arquitectura, recibió prontamente el título de Arte Real».[9]

> El término «masonería» ha sido bien designado y elegido. El arte de los constructores siempre ha estado ligado, hasta épocas recientes, a un arte sacerdotal o a un arte real. La construcción de ciudades y templos nunca se dejaba al azar, ya que exigía el conocimiento de reglas precisas respecto a la orientación y las influencias cósmicas. Quienes dirigían las construcciones atesoraban un conocimiento especial.[10]

René Guénon también concibe esta idea:

> En la antigüedad existía lo que se podría denominar una geografía sagrada o sacerdotal. La ubicación de las ciudades y los templos no era arbitraria ni concebida al azar, sino determinada según los cánones de leyes muy precisas. Así, se pueden apreciar los lazos que unían el arte sacerdotal y el arte real con el arte de

---

[9] *Constituciones de Anderson.* Textos de 1723 a 1738.
[10] GORDON, Pierre. *La Rélévation Primitive.* Ed. Dervy. París. 1951, p. 58

los constructores, así como las razones por las cuales las antiguas corporaciones poseían una verdadera tradición iniciática.[11]

Acudiendo al otro aspecto anteriormente citado de la ciencia hermética, la ciencia del dios Hermes también entra dentro de los parámetros del Arte Real. Es parte del conglomerado simbólico de la iniciación real, originaria del antiguo Egipto y posteriormente transmitida en una forma helenística en la Edad Media, ya que los griegos asimilaron a su dios Hermes con el dios egipcio Thot. Así, una aplicación práctica del hermetismo es la Alquimia, que, como sabemos, tiene por objeto y finalidad la regeneración total del Cosmos.[12]

Arte sacerdotal y arte real componen, en sí mismos, las tres partes de la sabiduría con sus tres grandes divisiones primordiales del Universo: el dominio espiritual, el dominio psíquico y el dominio corporal, cuyos símbolos respectivos son el cielo, el aire y la tierra.[13]

La Maestría ideal

Nuestra misión, una vez alcanzada la maestría, es saber encauzar las vías oportunas y necesarias para un buen gobierno personal, basándonos en las concepciones de la tradición masónica y en los principios primordiales de preservar nuestra autonomía intelectual y moral, siendo dueños de nuestro pensamiento, con la necesidad de realizar completamente nuestro ser subliminal.

---

[11] GUÉNON, René. *Le Roi du Monde*. Ed. Gallimard. París. 1973, p. 89.

[12] Aparece la figura de Hermes Trismegisto, el tres veces grande: filósofo, sacerdote y rey. De su mano, surge la Tabla Esmeralda con su enigmática duodécima proposición: «Lo que está abajo es como lo que está arriba, y lo que está arriba es como lo que está abajo». Esta afirmación es la clave de la analogía fundamental en la enseñanza simbólica de la masonería.

[13] BURCKHARDT, Titus, *Alchimie, sa signification et son image du monde*. Ed. Archè Milán, 1979, p. 203.

Todo esto implica conocer y saber apreciar los conceptos ya descritos por nuestros ancestros, y evitar caer en prejuicios e ideas preconcebidas.

Oswald Wirth[14] nos lanza certeros dardos iniciáticos de sabiduría y racionalidad para alejarnos de concepciones vetustas que solo pueden enturbiar nuestra mente y conocimiento. El paso de los años mantiene todo lo dicho con fuerza y vigor dentro del contexto necesario:

> Es tiempo de restituir a la vieja expresión tradicional su sentido primitivo. No es preciso que la francmasonería se disimule que tiene por misión preparar a sus adeptos para una verdadera realeza: la del Ciudadano, soberano en el Estado moderno.
>
> Ante todo, ese Soberano debe tener conciencia de su dignidad. No reconocerá sobre sí ningún poder ante el cual deba humillarse para solicitar favores. La Cosa Pública (Res Publica-República) es su responsabilidad, su propiedad, y debe defender siempre el interés general.
>
> El derrumbamiento de un trono no confiere para siempre la libertad. Esta requiere constantemente ser conquistada por aquellos que desean merecerla. Guardémonos, pues, de dormirnos sobre los laureles de nuestros padres que tomaron la Bastilla.
>
> Inspirémonos en el adagio de que 'no se suprime sino lo que se reemplaza.

Para Wirth, la verdadera maestría libera de todos los engaños, pero no se adquiere sino al precio de esfuerzos sostenidos, dirigidos contra todas las debilidades intelectuales y morales del iniciado.

[14] WIRTH, Oswald. *El Libro del Maestro Masón.* Ed. MASONICA, 2017 pp. 27-28.

Sobre la labor iniciática del Maestro Masón

Cuando un novel Maestro recibe su primer cargo u oficio, es sumamente importante que tome conciencia de todos los deberes y obligaciones que comporta su nueva función de oficial, con el fin primordial de cumplir de la mejor manera sus nuevos compromisos.

Anteriormente, en sus dos eslabones iniciáticos (Aprendiz y Compañero), ha vivido observando, tomando nota mental de las labores de todos los oficios de la logia desempeñados por los Maestros. Ahora, debido a su progresión masónica, le toca a él desempeñar uno de esos cargos.

Una serie de preguntas llegan a su pensamiento; estas oscilan entre su utilidad personal para el taller, el futuro desempeño armonioso de sus deberes para con el cargo recibido, y otras preguntas concernientes a su futura disponibilidad y utilidad para con sus hermanos en el desempeño de sus funciones.

Es el momento de apreciar la armonía que debe presidir la logia y su responsabilidad para con sus iguales y para con él mismo, en su colaboración para el funcionamiento de todos los eslabones que se entrelazan en el devenir iniciático y simbólico de la logia.

Este es el momento clave para que el nuevo Maestro Masón haga un esfuerzo personal tendente hacia una nueva manera de ser, de comportarse y de actuar, buscando una sabia comprensión de la naturaleza humana. En ocasiones, esto requerirá dosis inesperadas de paciencia, correcto discernimiento y tacto en sus relaciones con el grupo.

Su pensamiento debe centrarse en el concepto histórico y de tradición que comporta ser Maestro Masón, siendo un eslabón más en la historia de la masonería y todo lo que esta circunstancia implica.

Una mirada interior al mundo de los Misterios

Ahora que ya estáis en la dinámica del tercer grado, me gustaría que recordéis siempre un pensamiento que me dio a conocer un Maestro Masón que ya ha pasado al Oriente Eterno. Esta reflexión se basaba en que, para adentrarse con más firmeza en las vías del tercer grado, debíamos hacernos a la idea motriz de que en la vida, desde nuestro nacimiento, nos subimos a un tren en compañía de nuestros padres y familia. Durante el trayecto, ellos descenderán en alguna estación y nosotros continuaremos el camino, con el aliciente de que, en el transcurso de este, irán subiendo y bajando familiares, amigos y conocidos de nuestro entorno particular, y que inexorablemente, en algún momento, también nos llegará el momento de apearnos. Esta idea nuclear nos permitirá, desde lo más recóndito de nuestro ser, servir a la Orden y a nuestra trayectoria de responsabilidad en ella.

Esta reflexión también se podría definir como el «acto sublime» de aprender a morir en un espacio particular de anticipación. En la antigüedad, los iniciados eran instruidos para borrar de su mente el temor a la muerte, a las puertas del conocimiento y acceso a los Misterios.

El ejemplo propuesto del viaje en tren ilustra la idea de que, a cada paso hacia adelante en la progresión masónica, el iniciado accede a una nueva regeneración, perdiendo una capa de piel como los reptiles en su proceso biológico, en aras de la ascensión progresiva hacia el estado de perfección; que algunos puristas definen como el acceso gradual a los Pequeños Misterios que paulatinamente nos acercarán a los Grandes Misterios.

Dentro de los postulados del mecanismo iniciático, existen unos caminos ineludibles que todo hombre debería siempre seguir, pero que generalmente no se materializan en el mundo profano, aunque son necesarios en el mundo iniciático: el conocerse a uno mismo.

Es cierto que, si se tienen conocimientos básicos de filosofía, aparecen ante nosotros cuatro grandes escuelas filosóficas de la antigüedad: Platón, Aristóteles, Epicuro y el pensamiento estoico. Siguiendo las raíces de estas escuelas, se pueden sopesar las profundidades del corazón y del alma del iniciado, para protegerlo de los peligros de los dogmas y creencias, que en definitiva, son conceptos erróneos y letra muerta.

El paraninfo del camino hacia la sobriedad iniciática masónica

El primer eslabón lo encontramos en el pensamiento de Aristóteles, que se basa en evitar todo exceso impropio, buscando siempre estar en el justo término. A partir de estas percepciones, se puede llegar al estado óptimo en el que cada uno de nosotros puede desarrollar armoniosamente las funciones biológicas y las facultades físicas. Esto nos lleva al asentamiento de la Razón.

Si abordamos el mundo del estoicismo, deberíamos retener el concepto de Marco Aurelio, quien ya en su época nos ofrece un razonamiento universal masónico, al afirmar que los hombres no deberían estar separados en asentamientos, ciudades ni naciones, ya que constituyen una esencia del gran cuerpo que es el Universo.

Siguiendo aún en los parámetros del estoicismo, pero en una versión un poco más heterodoxa, concretamente el epicureísmo, no olvidemos la sabia lección de Epicuro. En su obra *Carta a Meneceo*[15], Epicuro expone los metales masónicos en su

[15] VERNEAUX, R. *Carta a Meneceo, textos de los grandes filósofos, Edad Antigua*, Herder Ed. Barcelona 1982

búsqueda de la felicidad y la buena vida, a través de la tranquilidad del alma, la ausencia de dolor y la autosuficiencia mediante el uso de la razón y de vivir de acuerdo con ella de la mejor manera posible.

Platón, en *La República*[16], establece la naturaleza y la idea del Bien como el manantial exuberante no solo de todos los conocimientos, sino también del principio de toda existencia. Fundamenta una constante iniciática razonada a través del método socrático[17], que a mi entender es básico para el trabajo en Logia. Aquí aparece la argumentación, con su vestimenta de pensamiento crítico, cuestionando diferentes hipótesis para buscar la mejor respuesta, la correcta, tras descartar las inválidas, siempre respetando las opiniones contrarias.

La sandez antimasónica con imputaciones inexactas

No hace falta navegar mucho por la red para encontrar un amplio abanico de estupideces firmadas o anónimas en contra de la masonería, que el Maestro debe contemplar con naturalidad y asepsia. Las fantasías y difamaciones, a menudo propagadas por algunos sectores de la Iglesia Católica, han propiciado esta circunstancia. Leo Taxil y su literatura incendiaria no fueron los primeros ni serán los últimos en este tipo de ataques. Oswald Wirth ya nos advertía sobre esto en su tiempo[18]. Desgraciadamente, aún hoy en día, en la mayoría de foros profanos se perciben los resultados de la antigua difamación. Es precisamente dentro de los presupuestos antes citados que se combaten estas sandeces.

---

[16] PLATÓN, *La República.* Editorial Austral. Barcelona, 2011.

[17] VLASTOS. Gregory. *The socratic elenchus.* Oxford Studies in Ancient Philosophy. 1:27-58.

[18] WIRTH, Oswald. *El Libro del Maestro Masón.* Ed. MASONICA, 2017.

Los francmasones nunca hemos sido brujos, videntes de salón ni otras variantes del mismo estilo. Todo ello ha sido, es y probablemente continuará siendo, el fruto rancio del sensacionalismo, la mentira obscena y la incultura a lo largo del tiempo. En ocasiones, en la sociedad, se puede caer en estos errores incluso de manera pueril, debido a reduccionismos impropios.

Las ceremonias iniciáticas y su incidencia en la formación del Maestro Masón

Quede claro, porque todo el que ha estudiado el Arte Real lo sabe, que en el desarrollo de su carrera masónica, el iniciado recorre unos progresivos peldaños de conocimiento que se desgranan en los rituales pertinentes de cada grado. Es posible que algunas personas, tanto iniciadas como profanas, consideren en pleno siglo XXI estas ceremonias como decadentes y en desuso. Los iniciados harán muy mal en considerar estas percepciones. Todo tiene razón de ser mediante el pertinente recuerdo iniciático de cada uno de ellos. No hay razón para opinar de esa manera. Y todo, apelando al sentido común, sin ningún comentario o ejemplo peyorativo. Consideremos con total naturalidad el proceso de la Santa Misa. Quiérase o no, los católicos practicantes siguen los mismos o similares parámetros. Cierta necesaria puesta en escena certifica la potencia y la necesidad del símbolo iniciático.

Si el nuevo Maestro Masón apela a una síntesis de percepción global desde el día de su Iniciación, podrá contemplar en el silencio de su corazón las fluctuaciones necesarias del recorrido y la imperiosa necesidad de este proceso secular, que, quiérase o no, queda inscrito en los principios del camino iniciático en búsqueda de la sabiduría y la razón. Creo que es necesario advertir a los nuevos Maestros sobre el sabio compromiso que acaban de adquirir. Es decir, saber estar en el lugar adecuado cuando se describa la triple conducta de los Maestros masones: participar, estar o ausentarse en el contexto de la responsabilidad del Tercer Grado.

Las esencias necesarias del Método Masónico

Hagamos una pequeña abstracción. La necesidad en filosofía nos refiere a aquellos aspectos de la realidad que, por estar íntimamente ligados a lo esencial del desarrollo, deben ocurrir de manera inevitable. Es decir, fenómenos o eventos, en este caso, que no pueden evitar suceder. Si esta circunstancia se da en la ciudad, en la sociedad, ocurre en igual medida en nuestro ambiente iniciático. El método masónico es esencial.

Con un recorrido mental telegráfico evoquemos la condición de Aprendiz, Compañero y ahora tu nuevo estado de Maestro. Estas etapas, en su estructura de comportamiento, han seguido pausas precisas, contextuadas de manera global como silencio, precaución y desarrollo. Y no precisamente por capricho.

Vayamos a un resumen forzado pero sumamente didáctico. Si meditamos sobre la toma de la Palabra en logia, llegamos naturalmente al proceso en el que la palabra se pide primero a los vigilantes para pasar posteriormente al Venerable Maestro y ser concedida. Esto se justifica mediante la necesidad de evitar una tumultuosa y desordenada toma de la palabra sin orden ni dirección. Se puede decir, pues, que a partir de estos principios la palabra circula. Y todo ello basado precisamente en el Método Masónico. Observado y usado inteligentemente, sin caer en las reglas de un peligroso integrismo mental, finalizan siempre las tenidas con altos grados de Egregora masónica.

Filosofando alrededor de la cuestión religiosa en masonería

Desde el entorno de la maestría masónica, es esencial tener claras las ideas respecto a lo que se puede denominar la cuestión religiosa de la masonería. Esto no solo es importante para el acervo personal, sino también para poder satisfacer las preguntas de Aprendices y Compañeros que puedan surgir en un momento determinado. Muchos historiadores, masonólogos y estudiosos del Arte Real han considerado que la masonería mantiene vínculos y lazos con la religión, basándose en conceptos explícitos que, según algunos, permanecen significativamente constantes a su alrededor.

En determinados momentos, es fácil hacer una reducción histórica. Desde la antigüedad, las órdenes religiosas, tanto masculinas como femeninas, al igual que los francmasones, se han denominado entre ellos Hermanos y Hermanas.

Es bien sabido que los masones operativos trabajaban casi exclusivamente para la Iglesia, en la construcción de edificios religiosos como monasterios, abadías, catedrales, iglesias y capillas. Estos vínculos condicionaban y existía un fuerte componente espiritual y filosófico de ligazón, aunque no siempre explícito.

En el artículo primero de las Constituciones de Anderson se precisa: «Un masón está obligado por su título a obedecer la Ley moral y si comprende bien el Arte, no será jamás un ateo estúpido, ni un libertino irreligioso».[19]

En los tiempos de la redacción de estos textos, la idea o definición de «ateo estúpido» podría entenderse como aquella persona que rechazaba toda creencia religiosa, sin otro motivo en

[19] *ANDERSON, Les Constitutions, textes de 1723 à 1738,* traducidos por George LAMOINE. Ed. Snes, París, 1995.

la vida que creer en su propia existencia sin más; limitándose a vivir sin la necesidad de consagrar sus esfuerzos a la búsqueda de algo más elevado que su propia individualidad, en un contexto puro de egoísmo dogmático.

Sin embargo, es necesario convenir y precisar que la masonería, a lo largo de su recorrido histórico, ha acogido entre sus miembros a personas de todo tipo de creencias, siempre y cuando se trate de personas de bien, libres y de buenas costumbres, superando así los contextos y prejuicios de los tiempos.

En 1894, Oswald Wirth consideraba que existían ciertas diferencias entre las órdenes religiosas y la masonería. Precisaba que «los masones consideran que su logia es un asilo de calma y serenidad, donde la agitación del exterior no tiene ninguna repercusión»[20].

Sustentaban estas diferencias al mantener que el espíritu que animaba a los religiosos prácticamente esterilizaba sus empresas y deseos, al permanecer recluidos en los monasterios y abadías. Por otra parte, criticaban que, aunque disponían de medios muy superiores a los de los masones, obraban de manera mezquina y cerrada a la sociedad, sin lograr la obra de la francmasonería, que trabajaba abierta y desinteresadamente en pos de la gran labor del perfeccionamiento del mundo. Precisaba: «Hay más de verdadera religión en el corazón del masón, pretendido ateo, que en el cerebro del asceta que se macera especulando sobre las delicias de la vida futura».

Pese a todo, reconocía que los conventos religiosos, es decir, las órdenes monacales, habían prestado en determinados momentos un impagable servicio a la Humanidad. Cuando la antorcha de la civilización greco-romana amenazó con extinguirse, fueron monjes sabios y prudentes quienes salvaron

[20] WIRTH, Oswald. *El Libro del Maestro Masón*. p. 42.

de la destrucción importantes manuscritos antiguos. Sin embargo, recalcaba de manera precisa el vigor religioso incrustado en la sociedad: «Desde luego, el arte sacerdotal, hábil en sacar partido de las creencias y de ciertas influencias psíquicas todavía mal definidas, continúa siendo practicado magistralmente».

A la sazón, existen pruebas históricas fehacientes de que determinadas órdenes, especialmente los benedictinos, prepararon con su labor la llegada del Renacimiento. Como se ha señalado anteriormente, las órdenes religiosas, grandes edificadoras de la Edad Media, contribuyeron ampliamente a la instrucción técnica y simbólica de las cofradías arquitectónicas (*masonería operativa*).

Es necesario e interesante que el nuevo Maestro Masón, con estos conocimientos frescos en su memoria, tenga sus propias ideas sobre este punto del libro, en lo que concierne a las disquisiciones filosóficas en el contexto de la relación entre masonería y religión. Debe analizar cada uno de estos aspectos de manera particular, profundizando en su estudio con lecturas más sólidas de los dos términos propuestos: *religare* y *relegere*.

Estas dos etimologías, que pueden resumir o dividir la comprensión de la religión para el masón, podrían explicarse de la siguiente manera:

Religare: conectar, unir, amarrar. Bajo esta concepción, hombres y mujeres de buena voluntad, compartiendo las mismas aspiraciones y el mismo ideal de fraternidad, se dedican a su propio perfeccionamiento y al de la humanidad. Si se pudiera definir la religión de esta manera, sin acotamiento religioso, podríamos decir que la masonería se puede concebir como una religión, atendiendo a la esencia de unir, articular y religar personas, por ejemplo, refiriéndose al Gran Arquitecto del Universo como entidad suprema. Así, cada francmasón sería libre de creer o no creer.

Relegere: escoger, reagrupar. Del sustantivo *religio*, ya nos acercaríamos a la expresión «lugar del alma» y a un sentimiento de creer en un principio que agrupa religiosamente hacia un Dios, acercándonos así a la percepción de la expresión «ateo».

Atendiendo a lo que antes hemos definido como ateo estúpido y egoísta, tendríamos otro modo de concebir al ateo si, independientemente de no creer, dedicara su vida a ser útil al prójimo de manera desinteresada y en bien de la humanidad. Tendríamos entonces al ateo inteligente.

Una vez establecida esta diferencia entre los ateos, podemos continuar especulando desde el punto de vista de los creyentes religiosos, y llegar a la conclusión de que también existen creyentes de dos clases. Por un lado, tenemos a los devotos que siguen ciegamente los dogmas rígidos e intransigentes, con un sentido estricto inculcado desde la infancia, que pueden ser sectarios, intolerantes y, en ocasiones, fanáticos. Estos podrían catalogarse como creyentes estúpidos. Por otro lado, existen los creyentes inteligentes, que poseen lo que podría considerarse una preciosa virtud: la inteligencia del corazón.

Además, tenemos las concepciones agnóstica, deísta y teísta, cada una con sus claras definiciones. Sin embargo, quiero dejar aquí una idea totalmente personal al respecto. Toda persona, todo francmasón o francmasona, que se adhiere al ideal supremo de la francmasonería y que comparte con los demás una aspiración elevada, es decir, que interpreta bien el Arte, no puede ser catalogada como un libertino irreligioso o estúpido.

Para finalizar este apartado, quiero hacer referencia a la Biblia, al Nuevo Testamento, específicamente a Juan 18:19-23:

> El sumo sacerdote interrogó a Jesús acerca de sus discípulos y de su doctrina. Jesús le respondió: «Yo he hablado públicamente al mundo; siempre he enseñado en la sinagoga y en el templo, donde se reúnen todos los judíos, y nada he hablado en oculto. ¿Por qué me preguntas a mí? Pregunta a los que han oído lo que les he hablado; ellos saben lo que he dicho». Cuando Jesús hubo dicho esto, uno de los alguaciles que estaba allí le dio una bofetada, diciendo: «¿Así respondes al sumo sacerdote?». Jesús le dijo: «Si he hablado mal, dime en qué; y si no, ¿por qué me golpeas?».[21]

El elocuente silencio de Jesús, quizás el más elocuente silencio del Evangelio, podría ser considerado como el manifiesto implícito de la Libertad de Conciencia. Dos mil años después, habiendo pasado por la pluma de Montesquieu, hoy en día, aún prevalece: la Libertad de Conciencia y el Libre Albedrío masónico.

La francmasonería y la Red de Redes: Internet

La aparición de Internet en los últimos años se ha generalizado de una manera total, y todos los usuarios nos hemos acostumbrado a su uso y disposición. Evidentemente, cada uno de nosotros, merced a la propia experiencia, sabe distinguir lo útil de lo superfluo y actúa en consecuencia. Todos sabemos que existen muchas direcciones útiles en masonería, pero también que existen muchas páginas denominadas *fakes* y blogs contrarios a nuestra Orden masónica.

---

[21] Biblia de Estudio Spurgeon. Holman Bible Publishers. Nashville, Tennessee, 2019 (USA).

Lo cierto es que, en nuestros días, existe una norma de conocimiento que, aunque demasiado propagada, sigue siendo cierta: si no estás en internet, no existes.

Sentadas estas primeras premisas, debemos precisar que la palabra «masonería» o «francmasonería» en castellano, si se pone en el buscador de Google, aparece con un volumen aproximado de casi cuatro millones de entradas. Si se pone en inglés 'freemasonry', la cifra aumenta a casi diez millones de resultados. Podemos imaginar que, si la consulta se hace también en alemán y otras lenguas, al agruparlo todo, nos dará unas cifras impresionantes. Por eso comentaba anteriormente que hay que saber escoger lo que se lee y lo que no deja de ser basura iniciática y propaganda antimasónica. Últimamente, y muy en especial desde la pandemia mundial del coronavirus, proliferan incluso logias virtuales, en las que se celebran rituales online.

Sin embargo, también hay que dejar constancia de que existen blogs masónicos de referencia, revistas electrónicas de masonería con la información más reciente en diversos idiomas, que son el primer paso actual para posteriormente convertirse en bibliografía útil, como antesala de su inclusión en los libros de temática masónica.

Existe un libro interesante que, de manera antropológica y a modo de periodismo de investigación, analiza este fenómeno y aborda la temática desde diferentes aspectos.

2
LOS MISTERIOS MASÓNICOS

Características del grado de Maestro en el R.E.A.A.

Es fundamental entender que los rituales de los grados simbólicos del Rito Escocés Antiguo y Aceptado (R.E.A.A.) no son una creación caprichosa o voluble. La historia y su desarrollo han dado forma a estos rituales. Siempre he sostenido que el R.E.A.A. es el rito que mejor ha sabido adaptarse a los tiempos sutiles de la tradición a lo largo de la historia. Esta importante faceta mantiene una impronta especial, perceptible solo cuando se acumulan conocimientos, escritos, planchas, documentos y rituales; en suma, un amplio bagaje estructural que abarca todas estas peculiaridades y sus implicaciones.

Gran parte de su contenido simbólico e iniciático puede parecer común a otros ritos en varios aspectos, pero existen elementos exclusivos del R.E.A.A. Al centrarnos en el Ritual del grado de Maestro Masón del R.E.A.A., podemos observar su rigurosidad, la riqueza de sus símbolos y la belleza etérea de su temática iniciática.

Sin perder de vista los contenidos inmutables de la representación simbólica de los tres primeros estadios en la masonería, es decir, Aprendiz, Compañero y Maestro como etapas esenciales de conocimiento masónico, debemos llegar al tercer grado, el grado de Maestro, para entender esotérica e iniciáticamente cómo es el adecuado y justo para dirigir una obra de envergadura. Esta síntesis nos revela que solo es aplicable a casi todas las profesiones y, si somos precisos, especialmente a la albañilería. El Maestro era el jefe de la obra y, si esta era un gran edificio, un palacio o una catedral, era considerado una autoridad en su oficio.

Sin embargo, algunas particularidades confieren un pedigrí, es decir, una calidad particular al R.E.A.A. La primera es la esencia específica de las semblanzas que emanan desde los monasterios benedictinos de la Edad Media, glosadas y explicadas con sus variantes[22], que inciden profundamente en el ritual, pudiéndose contrastar perfectamente en el análisis magistral entre la Regla Benedictina y el ritual masónico. La segunda reside en el simbolismo derivado de la alquimia medieval. Solo con estos dos ejemplos se puede apreciar la riqueza del ritual del tercer grado del R.E.A.A.

Las antiguas iniciaciones

Demos un repaso iniciático y acudamos a las referencias de las iniciaciones en la antigüedad, que tenían otro nombre específico: Misterios. Según algunos diccionarios de esoterismo[23], los misterios tienen por objeto orientar a los seres hacia el objeto primordial o la luz.

Podemos constatar esto al recorrer, por ejemplo, desde el Antiguo Egipto hasta la Antigua Grecia. Cada candidato a la Iniciación en los Misterios debía demostrar valentía, resiliencia y capacidad para resistir las duras pruebas a las que era sometido. Una condición sine qua non era no temer a la muerte, aceptán-

[22] MORENO MORENO, Alberto. *La regla benedictina y el ritual masónico*. Ed. MASONICA, 2020.

[23] RIFFARD, Pierre A. *Diccionario del esoterismo*. Alianza Editorial, Madrid, 1987.

dola con todas sus consecuencias, fruto precisamente de esa iniciación.

Los Misterios de Mitra, por ejemplo, muestran numerosos paralelismos con las ceremonias masónicas. La base principal de estos misterios se centra en el dualismo maniqueo de las fuerzas de la Luz y de las Tinieblas, del Bien y del Mal, con Mitra como Mediador entre las fuerzas antagónicas.

Como otros cultos mistéricos del mundo grecorromano, el mitraísmo giraba en torno a secretos que solo se revelaban a los iniciados. Cada nuevo miembro juraba guardar el más estricto silencio. Nuestro conocimiento del mitraísmo se basa en descripciones de cronistas externos y en las numerosas imágenes conservadas de altares mitraicos, todo descendiente de la antigua oralidad.

El Mithreum, o templo de Mitra, estaba constituido en forma de rectángulo con peculiares analogías con la logia masónica, representando una manifestación del Universo. Las ceremonias se desarrollaban en el centro del templo, con los iniciados sentados como los francmasones en sus logias, en las columnas del templo.

En toda esta diversidad de misterios hay un denominador común: «el enlace con la muerte iniciática del recipiendario y su posterior resurrección para desempeñar una vida nueva»[24].

[24] BRIEM, O.E. *Les sociétés secrètes de mystères*. Éd. Payot, París, 1951. pág. 357.

El concepto de la Caridad y la beneficencia desde el Tercer Grado

«Que los de abajo tengan paciencia, y los de arriba caridad: Así se resolverá sin lucha el problema social».

Concepción Arenal

Es sabido que en los usos y costumbres de cualquier cofradía o corporación iniciática, se practican las obras de beneficencia, y la francmasonería se cuenta entre ellas. La práctica de la solidaridad y el auxilio se abre en dos vías: una dirigida al corazón y otra a la razón, siempre bajo el discernimiento.

Desde el primer momento de la entrada de los nuevos iniciados, en la ceremonia de admisión, es decir, en la propia Iniciación, el neófito aprende a cumplir actos de beneficencia o caridad, efectuándolos sin ostentación y con el sigilo apropiado, con un necesario ejercicio de discreción.

En las Constituciones del Gran Oriente de España de 1871, Apartado nº 2 del art. 7, se establece: «Los principales deberes de los masones son: amparar, proteger, socorrer a todo Hermano necesitado, así como a su viuda y huérfanos, y cooperar con su persona, facultades e influencia en todo lo que beneficie a la Orden, la patria o la Humanidad». Sin embargo, se notaba la lucha contra la iglesia católica, rechazándose la caridad de tipo clerical, aunque no sin cierta razón:

> La acción banal y ostentosa que mueve a una sociedad corrompida a ejercer un acto de donación que necesita un concurso de espectadores para aplaudir una generosidad que a menudo no es más que vanidad. No se puede confundir la caridad del masón con ese sentimiento fingido que hace declamar en la plaza pública magníficos discursos por la emancipación de una raza que no ha visto y que pide la ayuda de la policía para acabar con mendigos. Para el masón, hermano de todos los

> hombres, la caridad es una virtud modesta, un noble sentimiento que se ejerce en la sombra y en tales condiciones que la persona, la sociedad o la nación auxiliada por los masones rara vez conoce la fuente del beneficio. Además, esa caridad no se limita a un círculo reducido; como la masonería, es universal.[25]

Apelando sencillamente al texto bíblico: «Mas cuando tú des limosna, no sepa tu izquierda lo que hace tu derecha»[26].

El Maestro Masón debe inculcar en todo momento, desde su tribuna, a Aprendices y Compañeros, por palabra y ejemplo, una disposición activa del corazón en este concepto. El primer paso consciente es dar, pero el segundo y principal es darse.

La caridad para el Maestro Masón es un deber que no consiste en introducir una moneda en el Tronco de la Vida para obras caritativas. Es también saber estar al lado de quien sufre, del Hermano necesitado de comprensión, con la práctica efectiva del amor fraternal.

> El masón fiel a sus obligaciones se da a conocer, no por gestos convencionales, sino por la corrección ejemplar de todos sus actos. La beneficencia para él no se confunde con lo que comúnmente se llama Caridad. Abandonar algunos mendrugos superfluos no cancela la deuda sagrada que el iniciado contrae hacia la Humanidad. Hacer el bien importa todo un programa de vida. Vaciar su bolsa no es suficiente cuando es preciso darse uno mismo, sin reserva y para siempre.[27]

Termino este apartado con un pensamiento central sobre nuestra Orden. La masonería nunca ha elaborado públicamente un proyecto o modelo de sociedad, aunque fuera utópico. En su

---

[25] Boletín Gran Oriente de España. Diciembre 1871. Es muy interesante un documento firmado por Françoise Randouyer (Universidad de París-Sorbonne) titulado *Beneficencia masónica: teoría y práctica.*

[26] Biblia Mateo 6.3.

[27] WIRTH, Oswald. *El Libro del Maestro Masón.* Ed. MASONICA, 2017, pág. 52.

lugar, pone por encima de todo el perfeccionamiento individual del hombre, que algún día llevará a una sociedad perfecta, o al menos así debería ser.

La escalera iniciática de las capacidades del Maestro Masón

Existen unos versos iniciáticos del Hermano Goethe titulados «Symbolum,» creados después de participar el 15 de noviembre de 1814 en una tenida de Maestros particularmente solemne. Goethe reconoce en los viajes del masón la imagen inefable de la condición y vida humana, con todas sus luchas, aspiraciones, dudas y cuestionamientos de la existencia. Él piensa acertadamente que el porvenir nos oculta las pruebas, penalidades y gozos que nos esperan, pero nos invita a enfrentarlos con resolución, sin vacilaciones ni miedo. Nos presenta una visión etérea, simbólica e iniciática de las estrellas nocturnas y las tumbas de un indescifrable cementerio. Sin embargo, nos aclara que en el corazón de los valientes (los masones), a pesar de los estremecimientos del miedo, florecerán sentimientos poderosos, graves, sinceros y de un alto valor espiritual, exhortando a los Maestros a no descuidar la aplicación de las fuerzas del bien en todo momento y ocasión:

Symbolum

El caminar del masón, /se asemeja a la vida, /y su esfuerzo, /se asemeja a las acciones/ de los hombres en la tierra. El futuro abarca/ las penas y la felicidad paso a paso a la mirada;/ Pero sin asustarnos, seguimos adelante.

Y pesada y distante cuelga/ una cubierta, / Con reverencia, silencioso/ descanso sobre las estrellas. /Y debajo de las tumbas. Míralos más de cerca, /y he aquí que en el seno de los héroes hay escalofríos cambiantes y sentimientos serios

Pero las voces de los espíritus llaman desde el otro/ lado, las voces de los Maestros: ¡No dejéis de practicar, / las fuerzas del bien!/ Aquí las coronas/ se retuercen en eterno silencio, ¡recompensarán a los activos con abundancia! / Te damos esperanza.[28]

A lo largo de la formación masónica, el nuevo iniciado, el Aprendiz, sigue su peregrinaje iniciático para instruirse y desenvolverse, haciéndose digno del segundo grado. Tiempo después, como Compañero, deberá pasar otro período hasta estar en condiciones de razonar la práctica del Arte. Cuando llegue a la condición de Maestro, el tercer grado, dominando tanto la práctica como la teoría, estará en disposición de esparcir la Luz, es decir, de enseñar, instruir e iniciar con fruto positivo a todos los iniciados noveles que lleguen a la Orden.

Cuando el Maestro Masón recién llegado al tercer grado recibe la plenitud de la iniciación, las capacidades de superar con éxito el miedo a la muerte y relativizarla con maestría iniciática, podrá participar conscientemente en el ciclo constante, en la cadena sinfín de la regeneración.

En este nuevo estadio, las influencias diversas de las diferentes tradiciones que ha ido aprendiendo desde su etapa como Aprendiz germinarán su currículo masónico. La Leyenda de Hiram, con todo su simbolismo particular de muerte y resurrección, le abrirá nuevas e inmensas perspectivas iniciáticas y metafísicas, permitiéndole seguir con su vida masónica y colaborar en la gloriosa transmisión masónica.

---

[28] VON GOETHE, Johann Wolfgang *Erich Trunz: Gedichte und Epen I.* Hamburger Ausgabe in 14 Bände, Band I, 804 Seiten, C.H.Beck 1981.

3
ÉTICA Y SENSIBILIDAD MASÓNICAS

La luz iniciática o la luz intelectual

> «Al principio era el Verbo y el Verbo estaba con Dios; y el Verbo era Dios. Todas las cosas han sido hechas por él, nada de lo que ha sido hecho se ha hecho sin él; y la luz nació en las tinieblas. Pero las tinieblas no la comprendieron».
>
> Prólogo esotérico de Juan,
> Juan 1:1-5

En la vida, a lo largo de los años, si reflexionamos adecuadamente y buscamos el discernimiento, nada se pierde, nada se destruye, todo se vuelve a encontrar, siempre y cuando hayamos actuado correctamente. En la vida, todo es movimiento: luz, calor, sonido, magnetismo. Y de aquí que todo dependa, en gran medida, de nuestro mayor o menor dominio del pensamiento.

Para que los iniciados logren un comedido imperio espiritual después de la iniciación masónica, sin lugar a dudas deben ser guiados primero, para luego saber y poder guiar a los demás en su progresión masónica y en el ejercicio supremo de la transmisión continua de conocimiento.

Debemos tener presente que la Luz física se distingue claramente, pero para percibir la diferencia entre la luz física y la Luz Verdadera, la Luz Espiritual, se necesita comprensión. Recibir la Luz es una cosa; saberla apreciar y percibir de dónde proviene es otra. En masonería, la Luz adopta dos matices bien concretos, dos acepciones claras: la que proviene de las estrellas y la que recibimos o podemos recibir de las antorchas. Esta es una manera inteligente y etérea de comprender la diferencia entre la luz material y la luz espiritual.

En algunos de nuestros templos, por razones prácticas y de seguridad, se imponen las bujías eléctricas en lugar de la llama verdadera y elemental de las velas. Aquí comienza una metáfora que va más allá y que a veces condensa nuestras vicisitudes en encontrar la Egregora necesaria en nuestras tenidas. La luz de las bujías no es la luz de las velas. La luz de las bujías no proporciona a nuestro olfato el perfume de las candelas, un aroma anclado en nuestros sentidos desde que de pequeños vimos por primera vez la incandescencia de la llama.

Los masones somos a menudo denominados Hijos de la Luz, especialmente por quienes conocen El Arte. Esto implica un depósito iniciático que se va llenando poco a poco, para ser utilizado en aras de la fraternidad universal, que debe atravesar las puertas de nuestros templos y llegar a la ciudad, a la sociedad, al mundo profano. Esta es la inexcusable labor del Maestro Masón.

Desde una perspectiva filosófica, la luz iniciática puede interpretarse como el conocimiento o la sabiduría que ilumina la ignorancia, similar a cómo una luz física disipa la oscuridad. Esta luz es esencial para el desarrollo y el progreso de nuestra sociedad, siempre con el objetivo de entender la complejidad y la diversidad de nuestro mundo actual, interpretar las diferencias culturales, sociales y personales, y ejercer nuestras obligaciones como Maestros masones con tolerancia, empatía y fraternidad, evitando los prejuicios, los dogmas y la ignorancia.

Comencemos con conceptos éticos de justicia social sin entrar aún en nuestros templos. Para que esto fructifique, es crucial que todo fluctúe en una corriente favorable para que el conocimiento sea accesible para todos, independientemente de su origen socioeconómico. Una sociedad en la que solo unos pocos tienen acceso al conocimiento es una sociedad desigual y dividida. Por el contrario, una sociedad en la que todos tienen la oportunidad de aprender y crecer puede avanzar y prosperar juntos. En la lucha contra la ignorancia, estas son las premisas básicas desde fuera.

Todo esto son palabras bonitas, pueden sonar bien en boca de cualquier político, pero para que puedan enmarcarse en un iniciado, en la mente de un masón, deben entrar en las vías de un viaje hacia la interioridad personal de cada uno de nosotros, llegando a la famosa frase: «Conócete a ti mismo y conocerás el Universo y los dioses».

Reflexionar sobre estas concepciones nos puede permitir comprender las intermitencias que los iniciados debemos percibir: el exterior y el interior. Si lo logramos, será mucho más fácil que cada Maestro Masón encuentre a su Maestro interior. De ahí el pensamiento concreto y certero de Oswald Wirth al respecto:

> Queda por penetrar el misterio de la iluminación. Si ciertos hombres se muestran más clarividentes que otros y pueden así útilmente instruir y guiar a sus semejantes, ¿de dónde sacan la comprensión superior y la lucidez sorprendente de que dan prueba? Nadie duda que sus estudios perseverantes, una larga experiencia y profundas meditaciones los preparen para su papel; pero, a fin de cuentas, su superioridad se basa en el afinamiento de sus facultades pensantes. Se han hecho más sensibles

a las vibraciones de la luz iniciática, y de ahí su iniciación en los misterios no revelados aún en el común de las inteligencias.[29]

Queda bien reflejado para quien sepa entrar en el arco dinamizador de estas reflexiones, sobre la concienciación del verdadero y efectivo rol del Maestro, el poder iniciático de la verdadera resurrección de Hiram en la persona de cada Maestro.

El inefable y poderoso rol del Maestro Masón

«La logia conspira para que cada uno de nosotros dé de sí la mejor versión de nosotros mismos».

Javier Otaola

Para ejercer correctamente la Maestría, se requiere que cada Maestro observe un comportamiento responsable en el tratamiento de cualquier objetivo dentro de los parámetros de la equidad. Es en esta conducta donde se puede sustantivar la idea nuclear del sacrificio, para encajar el ideal personal de servicio.

La responsabilidad se diversifica en diferentes aspectos de compromiso o respeto hacia todas las vertientes del trabajo activo en ayuda de su logia, merced a su constante preparación. Esta labor puede compararse a un viaje personal de intensa preparación, que quizá no se perciba en el presente, pero que posteriormente comprenderá y le servirá para el mejor desarrollo de su labor iniciática de la Maestría y el ejercicio sublime del desapego personal en su conducta diaria, concibiendo su trabajo con normalidad.

Desde las galerías del hermetismo, esto puede asimilarse a la transformación de la materia en la Gran Obra, que pasa por el estadio de la putrefacción y la posterior sublimación, liberando la parte volátil o aérea y llegando a la ablución y limpieza al

[29] WIRTH, Oswald. *El Libro del Maestro Masón.* Ed. MASONICA, 2017. pág. 63.

color blanco, para arribar a la calcinación mediante la cual el fuego es activado hasta la obtención del color rojo, signo del final gozoso de la perfecta operación.[30]

Estas concepciones pueden ayudarnos a comprender la importancia de la implicación y compromiso, permitiendo entender mucho de lo aprendido desde la óptica expresada de la labor global de las tareas de tercer grado.

La necesidad virtuosa de la Leyenda de Hiram

En diferentes versiones, la Leyenda de Hiram recrea variantes al respecto. Aparecen obras sustanciosas y necesarias para la transmisión del tercer grado, el de la Maestría. La sabiduría es inmortal e intemporal, y esta es una de las razones que conducen a Hiram a ser revelado bajo las premisas del nuevo Maestro. Es el relato de la vida a la muerte y de la muerte a la vida, que nos permite trascender a través de una metamorfosis entre lo relativo y lo absoluto.

Los nuevos Maestros deben conocer y estudiar esta leyenda desde diferentes ángulos y aspectos que la historia de la masonería aborda. Todas las variantes, lejos de desenfocar y diluir el mensaje primordial del tercer grado, sustancian y armonizan el mensaje fundamental.

El primer texto a estudiar es *La masonería diseccionada* de Samuel Prichard (1730), partiendo de la base de que se trata de una obra destinada a vilipendiar la masonería. Otro es el *Régu-*

[30] Notas y apreciaciones al respecto de Irene Mainguy, interpretando el razonamiento de Oswald Wirth, en su trabajo *La franc-maçonnerie claerifiée pour ses initiés. Le Maître.* Editions Dervy, París, 2018.

lateur du Maçon (1801), que presenta elementos diferenciados del Rito Escocés Antiguo y Aceptado y del Rito Francés.[31]

Lo primordial es que, abordando desde el punto de vista de la ciencia de los mitos y de los símbolos, esta dramatización es una obra maestra que no tiene parangón y constituye una fuente de inspiración luminosa. El mito de Hiram Abif comienza desde el momento en que el Compañero ha pasado por una preparación que le permite observar y comprender una verdad oculta. La leyenda, con su ceremonia enigmática, estimula la imaginación primero y luego se convierte en motivo de visualización que abre la puerta del templo de la verdad.

Vislumbrando la sensibilidad

Cuando hablamos de sensibilidad, nos referimos a la capacidad de percibir y experimentar de manera profunda y consciente las emociones propias y ajenas, así como las sutilezas del entorno. Esto implica estar atento a los detalles, tener empatía y ser consciente de determinadas percepciones que la mayoría de la gente no experimenta. También implica aplicar el sentido común a situaciones que surgen de improviso.

Si profundizamos más y nos referimos al mundo del arte, es decir, de la poesía, la pintura o la música, se necesita la figura de un creador, de un artista capaz de sintonizar hábilmente con los contenidos profundos de un público determinado, sabiendo conmover.

Podemos dirigir nuestro pensamiento al músico que, con su arte, deleita, conmueve, reduce tensiones, emana sensación de autoestima y confianza, y hasta puede regular el estrés. El músico

[31] En este punto recurro a una reducción orientativa, que cada interesado podrá ir ampliando desde toda la amplia bibliografía que existe al respecto.

está acostumbrado a trabajar en equipo (una orquesta), seguir pautas determinadas con fidelidad (las directrices del director de orquesta) y escuchar con respeto a los miembros de la orquesta. ¿No te suena familiar, estimado nuevo Maestro Masón?

La sensibilidad masónica

De manera similar al músico, la sensibilidad del masón nos puede parecer similar. El masón trabaja en equipo (su logia), sigue las pautas del ritual (con la dirección del Venerable Maestro) y escucha con atención y respeto (las planchas de sus Hermanos en logia). Estas pautas están ahí, sin discusión.

Si el músico debe perfeccionar sus conocimientos ensayando y viviendo sus partituras, el masón estimula su capacidad de razonamiento, imaginación y memoria mediante su progresión masónica, ejercitando la creatividad al escribir o burilar planchas. Ambos, el masón y el músico, crean, se perfeccionan y muestran su arte.

El equilibrio de la sensibilidad

La educación masónica se basa en forjar seres, Hermanos, que sepan equilibrar sus dimensiones específicas, o facultades mentales y espirituales. De esta manera, se produce el desarrollo integral de sus miembros, cultivando el espíritu crítico y analítico. Se puede decir que saben gestionar su inteligencia emocional.

La inteligencia emocional es una habilidad fundamental en la vida cotidiana y en la interacción con los demás. La masonería reconoce la importancia de cultivar esta facultad y ofrece herramientas y técnicas para su desarrollo. Mediante la práctica de la introspección y la reflexión, los masones aprenden a reconocer y comprender sus propias emociones, así como a manejarlas adecuadamente. Además, se les enseña a ser conscientes de las emociones de los demás y a responder de manera empática y compasiva.

Masonería y música: Sensibilidad

Una vez conjuntadas música y masonería, sublimeremos el pensamiento. Hagamos una abstracción, sumerjámonos en el manto de la imaginación, visualicemos una logia y emulemos la escucha de la música que armoniza su ritual.

> La música ha sido el alimento de las más grandes e importantes personalidades de nuestra civilización. Por todas estas razones, la música en las tenidas no debe ser meramente un fondo musical, sino proporcionar un camino, una dirección muy clara para crear desde el primer momento una tensión emotiva dentro de la espiritualidad de los encuentros.[32]

La música masónica en las logias de Centroeuropa tenía un propósito ritual y social, con un simbolismo reflejado en las tonalidades y composiciones específicas utilizadas durante las ceremonias masónicas. Hoy en día, muchas logias utilizan piezas musicales para sustantivar las sesiones, lo que enriquece la tenida en amplitud emocional, dimensión simbólica y grandeza sublime iniciática. Pero, querido nuevo Maestro, acrecienta sobre todo tu espiritualidad, tu sensibilidad, escucha música masónica de autores masones. Esto, sin duda alguna, te ayudará en tu acervo masónico y en tu dimensión iniciática.

---

[32] AMBROSINI, Brenno. *Unidos en la diversidad fortalecidos por la fraternidad.* Kercentral Magazine.

4
EL RITUAL INICIÁTICO

La Retrogradación

«Porque cualquiera que se enaltece, será humillado;
y el que se humilla será enaltecido».

Lucas 14:11

El verbo «retrogradar» significa ir hacia atrás. Sin embargo, en el contexto de la masonería, este término adquiere una connotación más profunda, refiriéndose a la revisión del camino recorrido. Este proceso incluye el uso de la memoria para realizar un análisis retrospectivo de un período determinado, permitiendo al aspirante a Maestro evaluar su vida de manera evolutiva y prepararse para avanzar espiritualmente. Este examen global es un preliminar necesario para una regeneración espiritual.

En otro contexto, sin entrar en filosofías complejas, reconocemos que la realidad a menudo se manifiesta de manera contraria a su apariencia. Wirth[33] nos dice que en masonería, como en la marcha hacia atrás, todo es un símbolo susceptible de múltiples interpretaciones iniciáticas, reflejando la renuncia personal de toda ambición espuria en pos de la verdadera maestría, envuelta en la sencillez etérea de la bondad.

Este movimiento especial se ejemplifica en la trayectoria de la luz a través de un rosetón de vidrio de un edificio sacro al caer la tarde, simbolizando un ejercicio de comprensión y contem-

---

[33] WIRTH, Oswald. *El Libro del Maestro Masón.* pág. 73.

plación mental. Se trata de aprender a obrar con maestría, revisando retrospectivamente conductas pasadas y preguntándonos: ¿He realizado bien mi examen de conciencia? ¿He obrado en consonancia con el bien ajeno? ¿He comprendido mi recorrido personal hasta este punto?

La incesante búsqueda del conocimiento y la sabiduría

Antes de abordar la teoría y la práctica de las esencias iniciáticas, es importante considerar conceptos abstractos como la verdad, la justicia, la equidad y la fraternidad, que sirven como guías para el desarrollo personal y espiritual. Sin embargo, su interpretación y aplicación pueden variar según el individuo y su contexto.

El marco idealizado puede no considerar las complejidades y desafíos de la práctica diaria, que requiere adaptabilidad y flexibilidad. Mientras que la teoría proporciona los cimientos, la práctica ofrece la experiencia y la comprensión personal. Entendiendo esto, el nuevo Maestro puede cumplir su función de agrupar lo disperso, gestionando las demandas de la inmediatez tecnológica y el desarrollo personal.

René Guénon nos ofrece una perspectiva valiosa:

> El conocer y el ser son formas de una misma realidad. El conocimiento total está adaptado a la posibilidad universal, no existe nada irreconocible. Solo hay cosas actualmente incomprensibles debido a nuestras limitaciones como seres condicionados. El conocimiento universal es idéntico a la Verdad.[34]

[34] GUÉNON, René. *Les états múltiples de l'Être.* Editoriel Vega. París. 1980 págs. 92-94.

La comprensión iniciática de la Cámara del Medio

> «Todo Compañero tendrá, pues, que probar que es inocente de la muerte de Hiram: ¿sus guantes están blancos?, ¿su mandil está inmaculado?».
>
> Lectura del ritual de Maestro

La Cámara del Medio, conocida por aprendices y compañeros, es un lugar de reunión para aquellos que han alcanzado la maestría. Más que un espacio físico, es un estado del ser, un lugar de encuentro para la sabiduría y la fraternidad. Este concepto se arraiga en las dos muertes simbólicas que el nuevo Maestro experimenta: la primera antes de su Iniciación y la segunda durante su Elevación al tercer grado. La Cámara del Medio es donde se elabora el pensamiento transformador, reanimando la verdad y regenerando las instituciones comprometidas por la corrupción. El acceso a este lugar requiere la ausencia de vanidades y ambiciones, permitiendo trabajar en El Arte.

Alrededor de la Leyenda masónica

> «...e hizo venir de Tiro a Hiram, hijo de una viuda de Neftalí».
>
> Reyes 7:13-14

En el Rito Escocés Antiguo y Aceptado, el recipiendario se coloca en el lugar de Hiram en el ataúd, no para emular una muerte real, sino una muerte simbólica que separa dos fases de la misma existencia. Salomón perfecciona todos los elementos de su templo con sabiduría, construyendo con buenos cimientos y dando ejemplo a los nuevos Maestros.

El drama simbólico

La organización de Hiram, diseñada para funcionar perfectamente, es desafiada por tres obreros traidores: la ignorancia, la ambición y la envidia. Estos obreros interceptan a Hiram y, tras su negativa a revelar la Palabra del Maestro, lo golpean sucesivamente en la garganta, el pecho y la frente, simbolizando estos tres vicios. Tras consumar el crimen, deciden ocultar su monstruosa acción.

El dominio de los vicios y pasiones

Oswald Wirth nos advierte sobre la necesidad de dominar los vicios y pasiones para alcanzar la maestría. Los nuevos Maestros deben enfrentarse a preguntas introspectivas sobre su respeto a la tradición masónica y su comportamiento, evitando la esclavización mental que proviene del vicio, instintos, apetitos, sentimientos y necesidades.

Acceder a la maestría implica dominar estas amenazas, apartándose de la dualidad y alcanzando la resolución. Esto se logra a través de la conjunción de ideas contrapuestas, permitiendo una comprensión más profunda y un ejercicio efectivo del poder.

Los retos del nuevo Maestro

Cuando el recién elevado Maestro entra por primera vez en la Cámara de Tercer Grado, recibe una serie de admoniciones y el Hermano Experto lleva a cabo diversas comprobaciones iniciáticas, simbólicas y llenas de contenido. Estas acciones y tiempos deben ser analizados posteriormente por el nuevo Maestro. Aunque no se le pida una plancha de impresiones, él debe reflexionar internamente y comprender el significado profundo de esos momentos.

Las preguntas que el Hermano Experto contesta por él condensan no solo cuestiones obvias, sino que tienen un significado superior. Son preguntas que contienen una dinámica que el nuevo Maestro puede haber trasgredido sin pensar durante su paso por el segundo grado.

Oswald Wirth plantea unas preguntas que el nuevo Maestro debe considerar seriamente:

> ¿Está seguro el postulante de no haber transgredido jamás, con los espíritus superficiales, siempre prontos a condenar lo que no comprenden y querer suprimir lo que no cuadra con su lógica de miopes? ¿No ha participado en nada de la mentalidad que hizo caer sobre el Maestro la pesada regla del primer asesino?[35]

Posteriormente, como establece el ritual, el futuro Maestro debe pasar por encima del cadáver extendido a sus pies, efectuando un movimiento pedestre que nunca deberá olvidar. Debe recordar siempre que nunca será un verdadero Maestro si no llega a dominar todo aquello que amenaza con esclavizarlo.

El largo viaje de la maestría

El ritual del tercer grado concede una importancia capital al movimiento de circunvalación realizado por un número determinado de Maestros alrededor del cenotafio. Este movimiento, representado por una serie de círculos concéntricos, es una alegoría de la marcha solar alrededor de un centro, simbolizando a veces la ronda cósmica de los astros.

---

[35] WIRTH, Oswald. *El Libro del Maestro Masón.* pág. 85.

En el esoterismo masónico, esta circunvalación se relaciona con el conocimiento de la cosmogonía y, por ende, del hombre, visto como un microcosmos. La circunvalación representa un ciclo que simboliza la unidad, el absoluto y la perfección. Esta faceta del esoterismo masónico debe interpretarse a través de la comprensión de un lenguaje simbólico compartido, fortaleciendo así los lazos de hermandad.

El viaje iniciático del Maestro abarca simbólicamente toda la superficie de la tierra, desarrollándose de Occidente hacia Oriente, considerado como el eterno manantial de la Luz del iniciado. Por lo tanto, la ejecución del movimiento de circunvalación no es algo nuevo, sino que es una práctica universalmente aceptada en todas las tradiciones, notablemente en el judaísmo y el islam.

Por ejemplo, en «La caída de Jericó» en la Biblia:

> Y los siete sacerdotes, llevando las siete bocinas de cuerno de carnero, fueron delante del arca de Jehová, andando siempre y tocando las bocinas.[36]

En la Torá, cuando se consagra una nueva sinagoga o un cementerio, se dan siete vueltas alrededor. Actualmente, los peregrinos musulmanes efectúan sucesivamente, sin interrupción, siete vueltas alrededor de la Kaaba, en el sentido contrario a las agujas del reloj.

Por lo tanto, es esencial tener presente que las vueltas indicadas en el ritual del tercer grado alrededor del cuerpo de Hiram deben interpretarse dentro de la riqueza significativa de esta lógica simbólica.

---

[36] Biblia Josué VI:13-16.

Renacimiento o Resurrección

Numerosos estudios etnológicos confirman que, en todos los pueblos de la tierra a lo largo de su historia, el elemento religioso, en el cual surge el sacerdocio, siempre tiene un contenido de muerte y resurrección. Un claro ejemplo de esto es el cristianismo:

> Después de la muerte de Jesús, los sepulcros se abrieron y muchos de los cuerpos de los justos resucitaron.[37]

No pretendo decir que la masonería sea una religión, pero a veces la simbología de los opuestos, es decir, muerte-resurrección, acerca el tema. Sin embargo, es importante tener presente la diferencia entre renacimiento y resurrección. El renacimiento queda estrictamente en el dominio de la dualidad, pues el alma renace dentro de un cuerpo, a diferencia de la resurrección, que implica una transformación integral, una unidad del ser regenerado.

Aquí es crucial detenernos para clarificar la idea de la transformación del Maestro. A partir del tercer grado, cada uno de vosotros debe investigar por sí solo las diferencias específicas de los rituales de los distintos ritos en la versión de la leyenda de Hiram. En el rito inglés, el rito francés, el rito escocés rectificado y el rito escocés antiguo y aceptado, hay matices interesantes y adecuados para el grado de Maestro. Sería beneficioso estudiar y analizar estos temas para Aprendices y Compañeros.

La idea es que leáis toda la literatura posible sobre la historia desde los diferentes puntos de vista y enfoques, ya que es un tema casi interminable. Cada nueva versión que caiga en vuestras manos y sea leída y asimilada fortalecerá vuestra formación como Maestros. Sin embargo, desde el punto de vista masónico

[37] Biblia Mateo 22:52-53.

y en lo que el grado de Maestro se separa de la referida leyenda, es que el renacimiento a una nueva vida se realiza dentro de los postulados de la dualidad, pero siempre con el concurso de todos los Maestros. De este modo, todos ellos conforman un grupo entrelazado. No monolítico ni uniforme. No todos tienen la misma idea y piensan lo mismo. Solo concurren en una cosa: la unidad para la construcción de un edificio perdurable, del que cada uno de ellos es una piedra, y en el que el nuevo Maestro es introducido. Lo que vale es el encaje y la solidez del edificio. Todo ello nos lleva a la concepción final de este capítulo: la valiosa, extraordinaria, potente y singular idea del Salmo 133 masónico.

La Singularidad del Salmo 133

> ¡Mirad cuán bueno y delicioso es habitar los hermanos juntos en armonía!

Esta frase resalta la importancia de la unidad y la Hermandad, que la masonería tiene como esencial. Pero va más allá y habla del trabajo en conjunto, enfatizado para el crecimiento personal y colectivo, especialmente desde la perspectiva del Maestro.

El salmo, aunque corto, continúa:

> Es como el buen óleo sobre la cabeza, el cual desciende sobre la barba, la barba de Aarón, y baja hasta el borde de sus vestiduras.

Esto simboliza, desde el aspecto religioso, la bendición que desciende sobre todos por igual. Desde el punto de vista masónico, refleja la igualdad a todos los grados y niveles, y trasciende necesariamente en la labor del Maestro, del nuevo Maestro. Su labor se basa en la búsqueda de la perfección de su trabajo, para guiar a los Aprendices y Compañeros.

El salmo prosigue:

> Como el rocío de Hermón, que desciende sobre los montes de Sion.

Aquí llegamos a la necesidad del trabajo bien hecho, utilizando las profundas claves del simbolismo iniciático bien enseñado, para su debida comprensión y la continuidad de la transmisión masónica.

Lo más interesante y profundo es el trasfondo de armonía en la labor del Maestro, que se transforma en algo superior a lo mundano, con la superioridad del trabajo personal y moral en aras de la virtud y de la unidad de criterio. El vehículo iniciático viene de lejos, las analogías son perfectas para los masones. Se puede percibir y sustantivar un cierto olor cabalístico al respecto. En todo el salmo existen alusiones ocultas al proceso mediante el cual son derramadas las bendiciones celestiales a través de los sacerdotes (¿Maestros masones?) y cómo estos cumplen con la función de pontífices que permiten la unión de las dimensiones divinas (¿masónicas?) con las humanas.

5
CONSIDERACIONES SOBRE EL SIMBOLISMO

«Los símbolos contribuyen a identificar al hombre con los ritmos de la naturaleza, integrándolo en una unidad más grande, la sociedad y el universo».

Mircea Eliade

El Arquetipo de los Símbolos

¿Te has cuestionado alguna vez seriamente sobre los símbolos? Desde el día de tu Iniciación, has entrado en una trayectoria marcada y delimitada por símbolos. Sin darte cuenta, en los dos grados anteriores, se te ha hablado de símbolos constantemente. Estás por encima del promedio de personas que, en la vida cotidiana, no han percibido hasta qué punto su vida diaria está influida y controlada por símbolos.

A partir de lo aprendido, ahora como Maestro debes concienciarte de la importancia de comprender y entender el símbolo en dos vertientes: el nivel esotérico y el nivel exotérico. Es decir, que los símbolos nos sirven tanto para ocultar como para revelar.

Los símbolos son interpretados como señales. Si le hablas a cualquier persona sobre lo que le sugiere un triángulo, lo más probable es que te diga que lo interpreta como una señal de tráfico que indica peligro. Pocos te hablarán de un significado más profundo. Y cuando digo pocos, quizás estoy siendo optimista. La realidad es que muy pocos lo hacen. Las señales y los signos deben interpretarse en el contexto de la vida cotidiana, mientras que los símbolos encierran un significado arquetípico interior que conduce a realidades de orden superior, concernientes al acervo superior del iniciado.

Vivimos en un mundo de símbolos, la mayoría de los cuales son considerados tan naturales que se pasa por alto su verdadera significación. Como iniciados, debemos recordar que el simbolismo es un tesoro del pasado que encierra un significado para el presente. Surgió de manera natural como fruto de la necesidad de expresión, incluso antes de la aparición de la palabra escrita y la imprenta en el siglo XV.

No debemos olvidar que el propio lenguaje tiene un origen simbólico. Quizás esto nos lleve a comprender por qué la poesía precedió a la prosa para expresar sutilmente sentimientos y emociones. Permíteme ilustrar estas ideas con las siguientes estrofas del poeta Robert Browning, que describen e intuyen el poder del símbolo:

> El hombre una vez manifestado, imprime para siempre/ su presencia sobre todas las cosas inanimadas: los vientos/ son en adelante voces, gemido o grito, / quejumbroso susurro o rápida y ligera risa, / nunca un arrebato sin sentido ahora que el hombre ha nacido.../ Y esto nos llena de respeto por el hombre, / de aprensión por su transitorio valor, / y del deseo de desentrañar su verdadera naturaleza, / y descubrir su posición y su destino final.[38]

---

[38] Robert Browning (1812-1889) fue un poeta y dramaturgo inglés destacando su obra por la maestría en su monologo dramático y su habilidad para retratar los símbolos que rodean sin poder apreciarse comúnmente por la psicología humana. La estrofa original quizás es más descriptiva en lengua inglesa: *Man, once descried, imprints forever/His presence on all lifeless things: the winds/Are henceforth voices, wailing or a shout/A querulous mutter or a quick gay laugh/ Never a senseless gust now man is born.../And this to fill us with regard for man/With apprehension of pis passing worth,/Desire to work his proper nature out.*

Los Símbolos en la Vida Social y Profana

Hablamos de masonería y somos iniciados; pertenecemos, por lo tanto, a un mundo aparte de la ciudad, de la sociedad, de la vida profana. Sin embargo, debemos concebir que la simbología, aunque la sociedad no lo perciba en su gran mayoría, impregna la vida cotidiana y también se manifiesta en iniciaciones.

Dejemos de lado, para evitar la disgregación de ideas, la Caída y la pérdida del Paraíso. Recordemos que el hombre pasa por tres nacimientos: el primero es de carácter físico, cuando entra en el mundo material; el segundo ocurre en las ceremonias de iniciación, cuando nace a la vida cultural o espiritual de la comunidad en la que vive; y el tercero es en la hora de la muerte. Este conjunto contempla un ciclo. Lo hemos vivido, lo vivimos y seguiremos viviéndolo hasta el final de nuestros días.

No abundaré en ejemplos, pero hemos nacido; si nuestros padres profesan alguna religión, nos bautizan. Cuando comenzamos la etapa escolar, nos iniciamos en nuestra educación. Posteriormente, el ingreso en el mundo adulto nos lleva hasta el matrimonio (nuclearmente) o la conjuntio alquímica. Finalmente, llegamos al Oriente Eterno, a la muerte, a la defunción. Así pues, en la sociedad profana hay ceremonias ritualísticas y simbología.

Podríamos continuar desgranando la cantidad de simbología, símbolos y ceremonias existentes, pero con lo establecido es suficiente para haber centrado el concepto de los símbolos.

6
LA LEYENDA MASÓNICA INTERPRETADA POR EL NUEVO MAESTRO

Al colocar la última piedra del Templo de Jerusalén, el pueblo celebró con gran regocijo. Sin embargo, su alegría fue interrumpida por la noticia de la violenta muerte del Gran Maestro de la obra, Hiram Abif. Este fue asesinado por la perfidia de tres compañeros traidores, Jubelas, Jubelos y Jubelón, quienes, para ocultar su crimen, sepultaron su cuerpo entre las montañas.[39]

El Concepto de Justicia en la Biblia

Si enfocamos desde el punto de vista bíblico el papel del justo, encontramos dos vertientes: el Antiguo y el Nuevo Testamento. En el Antiguo Testamento, especialmente en el Libro de los Proverbios, se presenta la visión del ser virtuoso y fiel a las leyes desde una perspectiva profunda y multifacética, abordando aspectos concretos como la obediencia a Dios, la veracidad, la honestidad, el ejercicio de la compasión, la humildad y el temor de Dios.

En el Nuevo Testamento, particularmente en Mateo, se describe al justo como aquel que cumple la voluntad de Dios. La concepción global del Antiguo Testamento enfatiza la idea so-

[39] De la Leyenda de Hiram.

bria e intransigente del sometimiento a la voluntad del Altísimo, haciendo lo que es justo ante sus ojos y actuando correctamente en todo momento. Esto implica seguir el camino de la verdad, la honestidad y la sinceridad, manteniendo un comportamiento compasivo y humilde con el prójimo. Un elemento constante es el Temor de Dios, vivir en respuesta a Él y adquirir sabiduría para hacer el bien.

En el Nuevo Testamento, encontramos una visión más profunda del hombre justo, que va más allá de la mera obediencia a la ley. Esta visión implica un cambio de corazón y una transformación interna, enfocándose menos rígidamente en la ley y más en predicar con el ejemplo para observarla y guardarla. Este razonamiento puede ser adoptado sin caer en un mero concepto religioso, utilizándolo como una forma de ver la vida y contemplar la Biblia como un libro de sabiduría, sin ningún compromiso o dogma específico.

Otra fuente que completa esta visión es el personaje justo e ideal de Job[40]. Para él, la justicia no es superficial; es algo integral a su identidad y comportamiento masónico. Cumplir con la justicia implica cuidar de los demás, especialmente aquellos vulnerables o en desventaja, reflejando la fraternidad masónica. Job actuaba buscando entender las situaciones y problemas de los demás, analizando todo antes de actuar, siguiendo el método masónico de dudar y comprobar. La función del justo, y por ende del masón, es servir como protector de la humanidad, lo que constituye un fundamento principal de su deber.

---

[40] Biblia Job 29:11-17.

La identificación del egoísmo por el Maestro Masón

No es que la identificación del egoísmo deba esperar hasta el tercer grado; los Aprendices y Compañeros están protegidos y guiados por sus respectivos Vigilantes. Sin embargo, el nuevo Maestro debe comprender profundamente el egocentrismo para poder enseñar correctamente. El egoísmo es una especie de lepra social y ancestral que sacrifica el destino de muchos por el interés de unos pocos, distorsionando la percepción de la realidad y obstaculizando los objetivos masónicos de fraternidad e igualdad.

La conducta de los Tres Compañeros en la Leyenda de Hiram, quienes asesinan al Maestro Hiram para obtener un poder que no les correspondía, ejemplifica claramente este egoísmo. *Ellos desearon por la fuerza lo que solo el esfuerzo y el mérito les habría concedido en su momento.*

La Leyenda de Hiram como Transgresión y Traición

Existen conceptos evidentes que, a veces, en nuestra Orden tendemos a olvidar. Sabemos que las cosas deben hacerse bien, o al menos intentarlo. En masonería, siempre debemos mantener la cohesión de grupo, lograda a través del cumplimiento de las reglas y leyes que sostienen la colectividad de manera coherente.

Seguir los principios de una jerarquía fundamentada en un sentido asumido de autoridad, que guía los pasos masónicos, no implica perder el discernimiento y la sensatez iniciática. Desde el sentido común, la reflexión total y la lógica precisa, toda transgresión debe ser evitada. Lo prohibido establece un límite claro, una frontera que no debe ser traspasada.

Las religiones, con sus reglas y dogmas, ofrecen ejemplos claros de transgresión. En la Biblia, específicamente en el Génesis, encontramos dos ejemplos conocidos desde la infancia: la expulsión del Jardín del Edén y la transformación de la mujer de Lot en estatua de sal.

Hay situaciones donde las transgresiones conducen a la reconstrucción de un nuevo orden y concepción positiva. Sin embargo, la otra vía lleva a la peligrosa caída en errores, faltas irremediables y peligros inminentes. Esta revisión de la transgresión nos lleva a juzgar a los tres compañeros asesinos de Hiram, quienes, debido a un desarreglo fatal de su libre arbitrio, eligieron mal, dejándose llevar por la ambición, el fanatismo y la ignorancia.

La lectura y relectura consciente de la Leyenda de Hiram debe dejar clara, dentro de nuestras nuevas responsabilidades como Maestros, la concepción precisa de la traición y el desprecio al compromiso. Estos conceptos no deben ser nunca subestimados por los iniciados.

Ignorancia, fanatismo y ambición

Al conocer los hechos, se ordenó la búsqueda del cuerpo del Maestro. Una vez localizado, fue llevado ante el rey Salomón, quien, al enterarse con profunda pena de la magnitud del asesinato, dictó las siguientes sentencias para los compañeros desleales. Al primero, representando la IGNORANCIA, se le cortaría el cuello; al segundo, símbolo de la AMBICIÓN, se le arrancaría el corazón; y al tercero, emblema de la HIPOCRESÍA, se le cortaría en dos mitades. Por ello, el signo gutural del Aprendiz consiste en llevarse la mano derecha en forma de escuadra al cuello; el del Compañero Masón, en hacer el ademán de arrancarse el corazón con la mano derecha; y el del Maestro Masón, se ejecuta en actitud de dividirse el cuerpo con un movimiento horizontal de la mano derecha, simulando un corte. Inmediatamente después de dictadas las sentencias, se realizaron los suntuosos funerales.[41]

Me gustaría reflexionar sobre la ignorancia y sus peligrosas consecuencias. En la sociedad, la ignorancia se manifiesta a través de las conductas de los individuos. Pero debemos profundizar más y encontrar las claves que delimitan las conductas de la ignorancia en el ámbito iniciático. La filosofía nos muestra descarnadamente la ignorancia, y Sócrates, a través de sus diálogos, nos revela cómo puede ejercer un control destructivo sobre el hombre. Él consideraba que aquellos que se creen sabios son los más ignorantes. Este enfoque desafía nuestra seguridad y confianza en nuestras creencias. Sócrates nos enseña la importancia del autoconocimiento y la autocrítica: «conócete a ti mismo». Nos desafía a enfrentar la ignorancia y buscar la sabiduría mediante el autoexamen constante, cuestionando nuestras creencias y admitiendo nuestras limitaciones.

En la actualidad, esto implica, a nivel de Maestros, una concienciación extrema sobre la prudencia, vehiculada siempre por ejercicios de autorreflexión y discernimiento, evitando pensamientos, acciones y conductas precipitadas. Sócrates, con su icónica frase «Solo sé que no sé nada», resalta la importancia de la autoconciencia y la autocrítica para aprender, crecer y enseñar. Este enfoque filosófico nos transmite la importancia de la humildad intelectual y el constante cuestionamiento en la búsqueda de la sabiduría. A través de la mayéutica, se nos insta a explorar la verdad oculta de nuestra propia ignorancia.

[41] De la Leyenda de Hiram.

En cuanto al fanatismo, el Maestro Masón debe mantener la mente abierta y diseccionar atentamente sus pulsaciones intelectuales para no caer en prejuicios ancestrales y perversos. Las verdades absolutas son peligrosas, ya que el fanatismo excluye la diferencia, la diversidad y la libertad de expresión. Surgen entonces falsas legitimidades bañadas en convicciones profundas de pura sinrazón. El Maestro Masón debe comprender que el fanatismo solo engendra odio y fuerza destructiva, recordando la leyenda de Hiram y la ceguera mental de sus asesinos.

Finalmente, la ambición encaja con los conceptos tratados anteriormente. La codicia, avaricia y avidez acompañan a la ambición desde un punto de vista complejo. La ambición desmedida afecta la armonía y la justicia en la sociedad. En el contexto iniciático, debemos analizar la ambición con astucia y estrategia para la progresión iniciática. El orgullo, considerado frontalmente, presenta dos vertientes: virtud y vicio. Como virtud, es el reconocimiento del propio valor y dignidad; como vicio, es la excesiva autoestima que lleva a la arrogancia.

En masonería, es necesario prevenir el orgullo excesivo, reconocer nuestras limitaciones y entender que el conocimiento proviene de la conciencia de nuestra ignorancia. El trabajo en logia nos enseña a manejar el orgullo y a colaborar y respetar a nuestros Hermanos. Dentro y fuera de las logias, el masón debe combatir el orgullo y conjugar caridad, tolerancia y paciencia, promoviendo un equilibrio saludable entre autoestima y humildad.

El Maestro Masón debe conocer los peligros de la autoestima excesiva y acostumbrarse a un enfoque mental de examen antes de tomar decisiones. Debemos concebir los peligros del orgullo como los resultados de una guerra atroz. La historia nos da ejemplos de orgullo en gobernantes como Alejandro Magno, César y Napoleón.

La Regeneración

La regeneración se define como recuperación, rehabilitación, restablecimiento, renovación, corrección y enmienda. Estos conceptos nos guían en el camino de lograr, mediante la capacidad humana, el cambio, la mejora y la efectividad, especialmente después de un periodo de deterioro. Aunque todo pasa y muere: los hombres, las instituciones, las costumbres, la humanidad subsiste.

A lo largo de la historia, hemos tenido hombres y mujeres que han sido faros de regeneración, quienes han sido reemplazados por otros que han continuado su labor de la misma manera. Este ciclo de regeneración continuará perpetuamente. Lo crucial es la sabiduría contenida en sus enseñanzas. Aquí radica todo.

Para los masones, Hiram es el ejemplo perfecto. Su leyenda es clara, efectiva y transparente, digna de ser seguida por todos los masones. La idea de la regeneración debe persistir. Al analizar su leyenda, vemos la pérdida del Maestro y las nefastas realidades que la acompañan. La adversidad y el desánimo deben ser vencidos. Recordemos que todo se desune y la carne abandona los huesos.

En este contexto, surge el símbolo masónico de la solución a la tragedia: los cinco puntos de perfección. Estos son: mano con mano, pie contra pie, rodilla junto a rodilla, pecho contra pecho y mano izquierda en la espalda del Hermano. Estos puntos representan la solución y la piedra angular del simbolismo de regeneración que debe ser adoptado siempre y en todo momento por el nuevo Maestro.

Debemos tener en cuenta que, aunque mi trabajo se circunscribe al rito Escocés Antiguo y Aceptado, todos los demás ritos conciben la misma idea fundamental. La mano: símbolo de la amistad y la unión. El pie: símbolo de correr siempre en ayuda de un Hermano. La rodilla: símbolo de interceder cuando sea necesario para conseguir ayuda. El pecho: símbolo de sinceridad y simpatía. La mano en la espalda: símbolo de proteger a quien cuidamos de todo peligro.

El pie contra el pie también simboliza seguir el mismo camino, y el pecho contra el pecho, además de sinceridad y simpatía, nos muestra nuestro deber de acercarnos a nuestros Hermanos con el corazón abierto y dispuesto.[42]

Pero, vayamos a estudiar simbólicamente los *cinco puntos de perfección.*

El simbolismo esencial de los Cinco Puntos de Perfección

La auténtica interpretación filosófica de los Cinco Puntos de Perfección constituye la base fundamental de todos los principios morales, llevándolos al más alto grado de virtud y pureza. Además, implica la exacta observancia de los deberes que todos tenemos para con Dios (para aquellos que sean creyentes), para con nuestros semejantes y para con nosotros mismos.

La iconografía representa estos cinco puntos de perfección mediante la imagen de un compás abierto, trazando un círculo. Esta representación alude al recorrido anual del sol a través de los doce signos zodiacales. El círculo se considera la figura geométrica más perfecta, ya que no tiene ni principio ni fin, simbolizando la manifestación del Ente Supremo. Esta figura, formada por una sola línea continua, sin un punto de partida ni final, se clasifica en la masonería como el símbolo de la perfección.

---

[42] Reflexiones resumidas sobre un artículo de HAMILTON, Lawrence. Chaîne d´Union nº 12. París. 1872

Para conocer y apreciar las cualidades de energía, firmeza y discreción en los candidatos a iniciación, el ceremonial somete al recipiendario a duras pruebas. Durante estas pruebas, el candidato debe hacer una completa confesión de sus defectos y cualidades, así como expresar la intención de sus ideas y el convencimiento de su criterio para aplicar sus conceptos y conocimientos. El objetivo es ayudarle a corregir sus inclinaciones torcidas y limitar sus procederes, inculcándole los principios más sanos y combatiendo sus tendencias de irresponsabilidad social, derivadas de las características concretas de nuestra sociedad.

De esta manera, el iniciado fortalece su entendimiento mediante la Luz Pura que brindan los conocimientos adquiridos, y se le enseña a observar efectivamente los principios que debe practicar a partir de ese momento. En cuanto a su corazón, se le guía por la senda del deber y del derecho, destacando que esto es un patrimonio universal exclusivo del hombre. En lo referente a su conciencia, se le educa y prepara dentro de las enseñanzas de la libertad, la independencia y la soberanía espiritual, para evitar que caiga en las garras de la superstición, el fanatismo y las ambiciones bastardas.

En resumen, dentro del seno de la masonería, el iniciado aprende a distinguir, apreciar y calificar razonablemente lo que entendemos como la Verdad más Pura.

Los Cinco Puntos de Perfección y su simbolismo

De acuerdo con la tradición mantenida y habitualmente practicada, el símbolo esotérico de los Cinco Puntos de Perfección, que se ejerce en la Cámara del Medio, se realiza de la siguiente manera: PIE contra PIE, firmemente unidos; RODILLA contra

RODILLA, para marcar el Triángulo de la Fuerza de forma adecuada; MANO a MANO, para formar con ellas el signo conocido como la garra; PECHO a PECHO, unidos como un solo ser, y finalmente, se brinda el abrazo fraternal colocando la mano izquierda sobre la espalda entre ambos hermanos. Este conjunto de acciones constituye el sistema general de reconocimiento aplicado en el Tercer Grado, cuyo simbolismo y diversas interpretaciones exploraremos a continuación.

Es esencial comprender que, como iniciados, reconocemos ciertos deberes sociales, especialmente en lo que se refiere al vínculo que nos une con nuestros hermanos. Estos lazos tienen un significado simbólico relacionado con propósitos específicos inherentes al ser humano. Además, guiados por los preceptos del amor fraternal, que nos vinculan estrechamente, observamos que estos Cinco Puntos representan una serie de signos cuyo significado esotérico es tanto simple como complejo de comprender, y su interpretación, lejos de ser accesible por la mera curiosidad de los no iniciados, se adhiere a un mecanismo ideal que se describe de manera científica y cuya explicación simbólica requiere un análisis estructurado, aunque breve, de los movimientos involucrados, comprensible únicamente para nosotros, los iniciados.

La visión iniciática de movimientos específicos

Esta visión busca una interpretación más precisa y ajustada del simbolismo inherente a los puntos de perfección que cada Maestro debe concretar. Como iniciados, y más aún como Maestros masones, es fundamental interiorizar y profundizar en una serie de simbolismos esenciales, siempre en el contexto de la progresión masónica personal. A continuación, desarrollaremos pausadamente estos simbolismos:

1. **Unión firme de los pies**: Este gesto simboliza la necesidad de asentar firmemente nuestros pasos, mostrándonos siempre dispuestos a ofrecer ayuda o socorro con presteza y diligencia tanto a los hermanos dentro de la fraternidad como a nuestros semejantes en la vida cotidiana.
2. **Flexión de las rodillas en forma de triángulo**: Este acto debe predisponer al iniciado a doblar las rodillas solo ante aspectos esenciales, como la idea del Gran Arquitecto del Universo, o ante el concepto de deidad que se profese, pero nunca en sometimiento ante otros hombres, ya que todos somos iguales y pares.
3. **Unión de las manos en forma de garra**: Con nuestro saludo de tercer grado, este gesto nos recuerda la obligación moral y personal de acudir en auxilio oportuno a nuestros hermanos necesitados, sin esperar recompensa más allá de la satisfacción de haber hecho el bien.
4. **Unión del pecho**: La unión del pecho entre masones simboliza la confraternidad universal, representando el lazo más poderoso de la alianza que debe prevalecer entre los masones y todos los seres humanos que habitan la Tierra.
5. **Mano izquierda sobre la espalda**: Este gesto manifiesta el deber sagrado de ofrecer consejos y protección sin distinción de categorías, títulos, raza o clase social, reflejando la ley de humanidad que impone una protección recíproca entre todos los seres humanos.

Los estudiosos de la simbología masónica coinciden en que estas interpretaciones se alinean profundamente con la esencia filosófica y moral de los Cinco Puntos de Perfección, siendo coherentes con el significativo conjunto de signos, alegorías, emblemas y símbolos que contempla la masonería.

La Interpretación Esotérica de los Cinco Puntos de Perfección

Avancemos ahora en el estudio de otro tema fascinante: la interpretación esotérica de los cinco puntos de perfección.

Primer Punto: Este indica que, ante las necesidades, desdichas, penalidades y peligros a los que se enfrenta una persona, debemos estar siempre listos para ofrecer ayuda o protección y prevenir que caiga en las profundidades del infortunio, siempre que sea digno de ello y no implique un sacrificio inútil propio o de terceros.

Segundo Punto: Determina que la indolencia, la apatía y la ociosidad no deben detener nuestros pasos hacia el futuro. Ni los abrojos insuperables ni los escollos infranqueables deben ser obstáculos que nos hagan retroceder. Olvidando todo egoísmo, debemos estar siempre alerta y preparados para ser útiles, sirviendo y ayudando a nuestros semejantes mediante actos de caridad, beneficencia y altruismo, cumpliendo así con estos sagrados deberes sin esperar otra recompensa que la satisfacción de haberlos realizado.

Tercer Punto: Este nos recuerda que al ofrecer nuestras oraciones al Supremo Creador Omnipotente, debemos también recordar el bienestar de nuestros hermanos. Las voces de los inocentes y de las criaturas, así como las inspiraciones fervientes del corazón, alcanzan por igual el trono de la gracia, deseando para los demás la misma dicha que anhelamos para nosotros mismos.

Cuarto Punto: Nos insta a guardar los secretos de los hermanos como si fueran propios, pues traicionar esa confianza causaría un gran daño y remordimiento, lo que nos señalaría como traidores. Debemos evitar actuar como un criminal que acecha a su víctima para atacarla en su momento más vulnerable.

Quinto Punto: Nos aconseja ser siempre tolerantes con el carácter o las costumbres de nuestros hermanos. Al hablar sobre los defectos o virtudes de alguien, debemos hacerlo como si estuviera presente, sin exagerar sus virtudes ni ofender su dignidad. También debemos impedir que otros lo ultrajen si está en nuestra mano hacerlo y nunca difamar ni atacar a un hermano que no pueda defenderse, pues esto demostraría una cobardía intolerable entre hermanos.

Reflexiones en torno a la muerte

> «Que venga la muerte, la espero sin temor, veo el dolor de las mujeres y de mis amigos, los cirios funerarios y mi cara con el rostro, la máscara de la muerte».
>
> Montaigne

Desde nuestra infancia, pasando por la pubertad, en las avenidas gloriosas de la juventud, desde los parques frondosos de nuestra madurez y en los espacios tranquilos del marchitamiento gradual, todos asumimos que algún día nos llegará la muerte. Vida y muerte están inextricablemente ligadas y se complementan como la cara y la cruz de una moneda, integrando y agrupando nuestro paso por la vida, desde el nacimiento hasta la muerte.

Como iniciados, conocedores de la acacia, enfrentamos dos ideas: el umbral de lo desconocido, con la asunción de la muerte, y un dominio brumoso más allá de nuestra comprensión terrenal. ¿Qué nos aguarda en aquel lugar? ¿Qué hay al otro lado? La muerte, en su insondable misterio, nos invita a explorar lo inexplorado, a cuestionar nuestras creencias y a enfrentarnos a la incertidumbre con valentía.

En nuestra mente, se nos presenta una senda y un futuro tránsito en una incierta oscuridad, pero como iniciados que hemos atravesado rituales de transformación y conocemos lo que es enfrentarnos a la muerte simbólica para renacer con una comprensión más profunda, debemos dejar atrás nuestras limitaciones y apegos, como una crisálida que se convierte en mariposa, y pensar que cuando llegue el momento, aquel *memento mori*, de la oscuridad brotará la semilla de la luz. Este será un proceso de metamorfosis que nos llevará a la trascendencia y a la verdadera expansión de nuestra conciencia de iniciados.

El ritualismo adoptado en nuestros templos para hacer comprender al iniciado el mito de los antiguos misterios religiosos sigue siendo el mismo hasta la fecha: la narración de la sublime leyenda de Hiram, que simboliza la muerte de los malos hábitos y el resurgir al nacimiento del sublime grado de Maestro, escalando el último peldaño del simbolismo. El Gran Arquitecto Hiram Abif, en su papel de símbolo masónico, representa el emblema de la naturaleza humana, destacando de manera resplandeciente dentro del simbolismo superior y apareciendo en el templo como una alegoría del mundo visible, en el cual su arquitecto se transforma en el emblema místico del hombre científico, un genuino artífice y morador de su propia obra.

Revisemos rápidamente la tradición abrahámica y judeocristiana sobre la muerte. A lo largo de la historia, filósofos, teólogos y pensadores han reflexionado sobre el significado y la naturaleza de la muerte desde diversas perspectivas, siempre ligando la reflexión sobre la conciencia hasta la percepción de la muerte como transición y la relación con el pecado original. Este tema sigue intrigando a la humanidad y nos invita a reflexionar sobre nuestra propia mortalidad.

Hegel afirmó que la muerte no era simplemente el fin de la vida física, sino también un proceso íntimamente ligado al desarrollo de la conciencia humana, una pura transición hacia una nueva forma de existencia, aunque no fuente de felicidad ni placer, sino un recordatorio constante de nuestra limitación y fragilidad como criaturas mortales.[43]

San Agustín habla de la muerte desde la perspectiva del pecado original, como consecuencia directa del mismo. El ser humano, en principio inmortal, perdió su inmortalidad al caer en pecado y se hizo mortal, concibiendo la muerte como una parte fundamental de nuestra condición caída.[44]

La concepción pitagórica de la muerte trasciende la mera mortalidad y nos invita a reflexionar sobre la naturaleza eterna del alma y la eterna búsqueda de la verdad. Pitágoras sostenía que, aunque desaparezca el cuerpo, el alma no se extingue, sino que continúa su viaje a otro nivel de existencia, liberándose de su prisión corporal para emigrar a su verdadero lugar de procedencia.

En nuestros días, Martin Heidegger, filósofo existencialista, consideraba la muerte como el acontecimiento esencial en la aventura humana, un misterio y un momento en que decimos adiós a todo lo conocido, preguntándose por qué nacemos si vamos a morir.

Pierre Teilhard de Chardin, desde postulados cristianos, ve la muerte como una dimensión intrínseca de la vida, reflexionando sobre nuestra propia muerte como una reflexión sobre

---

[43] HEGEL, G.W.F. Fenomenología del espíritu. Fondo de Cultura Económica. E-book. 2017.
[44] SAN AGUSTÍN. *La ciudad de Dios*. Editorial Homo Legens. Madrid. 2006.

nuestra vida, no como un enemigo sino como una parte de nuestra existencia.

La muerte es un tema complejo que abarca desde lo existencial hasta lo espiritual, y su significado varía según la cultura y las creencias individuales. En Occidente, el tema de la muerte es tabú, inapropiado y poco usado, sustituyendo términos como «muerte» y «fallecimiento» por «desaparición», «traspaso», «tránsito», «partida», etc. En nuestra sociedad materialista, donde el poder, el parecer y el tener son valores a la moda, vivimos evitando pensar en la muerte, acogiéndonos a una falsa voluntad de olvido premeditado.

La muerte remarca la vulnerabilidad de toda existencia y sus limitaciones, que son parte del destino de todo ser viviente, inexorables. Incluso el sabio, dotado de un amplio sentido común, se encuentra en un completo estado de dependencia total, debido a los mecanismos corporales de su persona, que, sin previo aviso, pueden dirigirle al fin.[45]

En el sentido moral de la leyenda, se supone que el Maestro Hiram no es otra cosa que la personificación de la justicia eterna; sus enemigos irreconciliables son la anarquía, el crimen y la disolución social; factores que tienden a destruir a la humanidad mediante la degeneración moral del hombre. Por ese camino, se consigue fácilmente hundirlo en las tinieblas de la ignorancia en aras del nefasto fanatismo y del pernicioso ambiente de la superstición; estas son las armas que esgrimen los hipócritas, ambiciosos y déspotas para dominar a los pueblos.

En resumen, la verdadera interpretación legendaria del drama de Hiram Abif, universalmente conocida y aceptada por todos los ritos masónicos, se refiere a que el destino del arqui-

---

[45] MAINGUY, Irene. *La franc-maçonnerie clarifiée pour ses initiés. Le Maître.* Editions Dervy. París. 2018.

tecto del Templo de Salomón no es otra cosa que la personificación simbólica del hombre a través de la vida real; al caminar inciertamente por la senda de las preocupaciones, del pecado y de las tentaciones mundanas que irremisiblemente lo conducen hacia el sufrimiento, las penalidades y el dolor; factores que finalmente le llevarán hasta el sacrificio y es precisamente cuando se impone de manera implacable el influjo de la ignorancia, la superstición y el fanatismo ante cuya influencia sucumbe, para después renacer a una nueva etapa de grandeza, gloria y virtud.

7

LOS MITOS Y LAS LEYENDAS: DEFINICIONES Y CONTEXTUALIZACIÓN

Definiciones esenciales

MITO: Proveniente del término griego *muthos*, el mito se define como una narración maravillosa situada fuera del tiempo histórico y protagonizada por personajes de carácter divino o heroico. Asimismo, puede tratarse de una historia ficticia o de un personaje literario o artístico que encarna algún aspecto universal de la condición humana. Los mitos, carentes de sustento histórico, cumplen una función explicativa fundamental, involucran a menudo deidades o semidioses y son piezas clave en las religiones y cosmogonías de diversas culturas, contribuyendo significativamente a la formación de imaginarios colectivos.

LEYENDA: Se trata de una narración popular que combina elementos reales y fantásticos y se transmite tanto oralmente como por escrito de generación en generación. Las leyendas buscan explicar fenómenos o sucesos, transmiten ideas y valores y se ubican en un punto intermedio entre los mitos y la historia. Tienen propósitos específicos como entretener, advertir o transmitir valores culturales, permitiendo a las comunidades compartir su visión del mundo y su identidad cultural.

Interrelación de mitos y leyendas en la simbología del mundo

Los mitos están intrínsecamente vinculados a las religiones y cada país suele desarrollar su propio corpus mitológico, cuya relevancia y persistencia dependen de la influencia de la religión dominante. Si la influencia religiosa decrece, el mito puede transformarse en una mera referencia filosófica, histórica o literaria. En contraposición, las leyendas, al no estar estrictamente ligadas a lo religioso, no buscan resolver los enigmas del origen de las cosas y se desarrollan independientes de los dogmas y cultos religiosos, centrando su atención en el pasado más arcaico de la humanidad. Ambos géneros han jugado roles fundamentales en la transmisión cultural a través de la historia.

La Leyenda de Hiram: entre el mito y la leyenda

La narrativa de Hiram, ampliamente reconocida en los rituales masónicos pero sin contexto religioso específico, se ajusta más a la definición de leyenda que de mito, dado que Hiram no es un héroe intemporal sino un personaje históricamente ligado a la construcción del Templo de Salomón. Este aspecto se detalla en la Biblia no desde una perspectiva religiosa, sino más bien histórica y narrativa.[46]

Recordando el proceso del adepto desde su inicio en la Cámara de Reflexiones, se observa una verdadera metamorfosis a través de pruebas y viajes que conllevan purificaciones espirituales y místicas, culminando en un nuevo ciclo de comprensión simbólica. Este proceso permite al nuevo Maestro entender profundamente símbolos como el Mito de la Caverna de Platón,

[46] Biblia. II Crónicas 2, 12 y I Reyes 7, 13-47.

concluyendo que solo el ser dotado de razón y discernimiento puede alcanzar la libertad y dirigirse hacia una realidad objetiva y exacta.

La lectura de relatos de figuras míticas como Osiris, Adonis, Hércules y Mitra puede revelar un fondo legendario común, lo cual es destacado por René Guénon, quien enfatiza que las leyendas asociadas a los diferentes grados masónicos constituyen, en efecto, mitos integrados a los rituales, inseparables de estos.

Finalmente, la Leyenda de Hiram no solo constituye una leyenda sino también un mito específico: el de «La Palabra Perdida». Esto impulsa al estudio intensivo y al reconocimiento de que la pérdida de algo de valor supremo debe motivarnos a buscar su recuperación, profundizando nuestro conocimiento y conciencia iniciática.

Hiram Abif como héroe: simbolismo y enseñanza

Hiram Abif emerge como un símbolo mítico del hombre, un habitante y trabajador de este mundo cuyo papel trasciende la construcción física del templo. Representa la naturaleza humana en desarrollo tanto en esta vida como en la venidera. La leyenda de Hiram Abif, aunque basada en la Biblia, se desarrolla de manera trágicamente diferente. Su nombre hebreo significa «padre», pero su legado va más allá de lo terrenal, convirtiéndose en un arquetipo del sacrificio y la búsqueda de la verdad interior.

Según la leyenda bíblica, Salomón llamó a Hiram de Tiro para construir el Templo (Reyes 7:13). Él organizó a los obreros del templo en aprendices, compañeros y Maestros, cada uno con sueldos y conocimientos específicos acordes a su nivel. Sin embargo, tres obreros malintencionados, Jubelas, Jubelus y Jubelon, conspiraron para arrancarle los secretos de Maestro. Una noche, Jubelas esperó a Hiram en la puerta sur y, al no obtener los secretos, intentó matarlo con una regla. Malherido, Hiram intentó escapar por la puerta oeste, donde Jubelus lo golpeó con una escuadra, infligiéndole otra herida. En su último intento de fuga por el este, Jubelon lo golpeó en el tercer ojo con un mazo de tallar, causándole la muerte. Los conspiradores enterraron al Maestro en el monte Moriah bajo un ramo de acacia y huyeron hacia Etiopía, pero fueron capturados y ejecutados según la ley. Salomón entonces ordenó buscar al Maestro y sus secretos, concluyendo así el relato bíblico y la leyenda masónica.

Es momento de referirnos a René Guénon, quien aclara y subraya la importancia capital de los mitos en los ritos. Según Guénon, es esencial considerar los mitos como relatos simbólicos aplicables y necesarios para percibir su valor iniciático.

La importancia masónica y simbólica de René Guénon

Es crucial para los nuevos Maestros masones familiarizarse con el pensamiento de René Guénon, no necesariamente leyendo toda su obra, pero sí dominando los aspectos esenciales que les permitan profundizar en sus enseñanzas y proceder como docentes para Aprendices y Compañeros. Guénon afirmaba que todas las formas tradicionales, incluida la masonería, derivan de una Tradición primordial o Tradición unánime y universal, considerada supra-humana y depositaria de la Verdad y la Sabiduría eternas. Las leyendas masónicas y los códigos simbólicos usados en la masonería son parte integral de esta tradición.

Guénon también observó que la masonería, desde 1717, transitó de ser operativa a especulativa, un cambio que, aunque significativo, fue realizado de manera incompleta, llevando a una cierta incomprensión en el estudio de los símbolos y olvidando algunas características esenciales de la masonería operativa.

Globalidad de mitos y leyendas: discernimiento

Para los Maestros Masones cuya formación no incluye letras o mitología universal, es beneficioso revisar y adentrarse en las principales obras y conceptos mitológicos. Las obras clásicas como la *Ilíada* y la *Odisea* de Homero, y la *Teogonía* de Hesíodo, son fundamentales para comprender los elementos épicos y divinos de la Grecia Clásica. Virgilio con sus *Bucólicas* y *Geórgicas*, y Lucano con su obra *Farsalia*, proporcionan una visión de la vida rural y los conflictos de la Roma Antigua.

Además, obras filosóficas como *El Banquete* de Platón, la *Ética a Nicomáco* de Aristóteles, las *Meditaciones* de Marco Aurelio, y *Antígona* de Sófocles ofrecen una rica visión de los mitos, valores y reflexiones sobre la condición humana, esenciales para la formación en masonería. También es recomendable familiarizarse con la *Epopeya de Gilgamesh*, las narrativas sobre Osiris e Isis, y otros mitos fundamentales que exploran temas universales de sacrificio, redención y la búsqueda de la verdad, como refleja la historia de Hiram Abif.

8
SOBRE LA PALABRA DE PASO Y LA PALABRA SAGRADA
CONSIDERACIONES HISTÓRICAS Y SIMBÓLICAS

Consideraciones históricas previas

Numerosos historiadores y masonólogos han explorado el origen de la palabra de pase y la palabra sagrada en el tercer grado, aunque esta búsqueda ha quedado en gran medida velada, lo cual podría sugerir algunas explicaciones. Realmente, no existe información concreta y fidedigna sobre estas palabras en el Rito Escocés Antiguo y Aceptado. Aunque este libro no profundizará adecuadamente en el tema para evitar la dispersión, es fundamental mencionar una obra esencial para el Maestro Masón que desea abordar con solvencia el entramado del REAA y entender los vacíos históricos que presenta: *El origen de los grados masónicos*[47].

[47] Alberto Moreno Moreno, en su obra *El origen de los grados masónicos*, publicada en 2017 por Ed. MASONICA, realiza un estudio exhaustivo y meticuloso sobre la evolución de los grados en la masonería. Este libro, que se extiende por aproximadamente 600 páginas, no solo traza la historia de los grados masónicos, sino que también proporciona una rica bibliografía, convirtiéndose en una herramienta indispensable para los estudiosos del tema. Su trabajo se distingue por un riguroso enfoque académico, apoyado en datos históricos contrastados que iluminan las complejidades y el desarrollo de los grados dentro de la masonería. La obra desgrana información esencial para una mejor comprensión de cómo surgieron estos grados, en un contexto donde la literatura disponible no es tan extensa como en otros países, como el Reino Unido y Francia. *El origen de los grados masónicos* beneficia no solo a los masones que practican el Rito Escocés Antiguo y Aceptado, sino también a cualquier masón o investigador interesado en la historia y evolución de las prácticas masónicas.

La Palabra de Paso

Establecidas estas premisas, es importante clarificar que la palabra 'Tubalcain' se considera que procede de la leyenda del gremio de los artífices, utilizada dentro de sus ceremoniales simbólicos. Existen teorías que sugieren que su significado podría derivar de *Posesio Órbis,* dándole un sentido simbólico e iniciático de posesión del universo. Otras interpretaciones apuntan a una posible hebraización del griego *tumulum,* que podría interpretarse como la acción de levantar un sepulcro, integrando la idea del despertar interior del masón antes de pronunciarla. Además, una forma ingeniosa utilizada por los Hermanos ingleses para recordar esta palabra es mediante el juego de palabras: «two balls» (dos bolas) y «cane» (vara), refiriéndose a Tubalcain.

La Palabra Sagrada

En el ritual del tercer grado, llegamos a un momento crucial cuando el primer vigilante, a requerimiento del presidente, exclama: «No puedo, Muy Respetable Maestro, porque la carne abandona los huesos». La palabra 'Mohabon', sinónimo de putrefacción, actúa como detonante en este contexto. En el mandil de los Maestros masones se pueden ver las iniciales de la palabra sagrada: 'MB', o alternativamente 'MBM' de 'Mac-Ben-Mak', demostrando su aplicación simbólica. Estas iniciales están colocadas en el centro del cuadrado que forma el mandil, representando la materialidad contenida y delimitada por los cuatro elementos: agua, aire y fuego, los cuales son considerados fuerzas generadoras y regeneradoras que proporcionan las materias orgánicas necesarias para sostener la vida.

La simbología de la palabra y su profundo significado nos invitan a reflexionar sobre la eternidad de la vida y el ciclo de renacimiento. Morir en el contexto masónico simboliza un renacer, una oportunidad de ver las cosas bajo una nueva luz. Se muere a un mundo para renacer en otro, con la ventaja de recordar el mundo anterior y asociar el presente con la esperanza de un nuevo estado superior y armonioso. Este cambio simbólico de estado y dirección enriquece profundamente la experiencia masónica, abriendo nuevos horizontes para explorar y profundizar.

9
ALREDEDOR DE LA ACACIA

Origen

La palabra «Acacia» deriva del latín «Acasshia», que a su vez proviene del griego «Akakia». Este término designa un árbol perteneciente a la familia de las leguminosas, conocido por su madera compacta. Dentro de este género, existen varias especies que comparten una característica distintiva: su resistencia a las plagas comunes de la madera y su capacidad para no pudrirse con la humedad.

En este contexto, aunque podríamos extendernos en detalles botánicos, optaremos por centrarnos en lo esencial, especialmente en lo que esta madera representa para el masón. Evitaremos cargar nuestras discusiones y escritos con relatos tediosos sobre características arbóreas detalladas. En lugar de ello, destacaremos la esencia simbólica de la acacia, enfocándonos en lo que esta representa en términos de pureza y resistencia moral.

La acacia, por tanto, se convierte en un poderoso emblema dentro de la masonería: simboliza la pureza de principios y la incorruptibilidad frente a las plagas, las mentiras y los desatinos del ego. La madera de acacia encarna la benignidad de buenos preceptos y actúa como un lenitivo bálsamo que nos aleja de la sinrazón. Por todo ello, la acacia se define como el estandarte corporativo del Maestro Masón, destacando por su resalte potente y enérgico, un símbolo de integridad y fortaleza moral.

La historia bíblica de la Acacia

En las sagradas escrituras, la acacia es conocida bajo la denominación de *Shittah*, y en plural como *Shittuim*. Este árbol es considerado misterioso y dotado de cualidades maravillosas por los hebreos, quienes creían que Moisés ordenó utilizar su madera para construir el Arca de la Alianza, la Mesa para el Pan de la Proposición, y otros muebles sagrados, debido a su durabilidad eterna.[48]

Las hojas de la acacia tienen la particularidad de inclinarse durante las horas de reposo nocturno y erguirse durante el día, participando así en los ciclos naturales. Esta conducta simboliza la necesidad de equilibrar nuestras actividades diarias con períodos de descanso, promoviendo un desarrollo equilibrado y la recepción de enseñanzas a través de la reflexión e inteligencia. Este comportamiento de la acacia es visto como un modelo a seguir para cultivar un futuro próspero y sabio.

Históricamente, la madera de acacia siempre ha sido destacada por su incorruptibilidad, pureza y durabilidad, características que la hacían idónea para fines de consagración. Desde los albores de la civilización, la acacia fue venerada y destinada a usos ritualísticos por estas mismas cualidades. Sus propiedades únicas han hecho que este árbol sea considerado un emblema de la incorruptibilidad a lo largo de los tiempos.

La acacia también se ha interpretado como una alegoría de la pureza en las acciones, palabras y hechos, impactando positivamente en la moralidad humana y dejando un legado que beneficia a futuras generaciones. Estas interpretaciones simbólicas, aplicadas consistentemente a lo largo de la historia, subrayan la importancia de este árbol no solo en contextos religiosos, sino

---

[48] BIBLIA. Especialmente en el libro del Éxodo. 25:13; 26:37; 27:1; 27:6; 30:1; 30:5; 35:7; 36:31; 37:1; 37:10.

como un símbolo profundo de integridad y rectitud moral en la masonería y más allá.

Los valores iniciáticos de la Acacia

La Acacia, en el contexto masónico, simboliza virtudes morales fundamentales como la inocencia y la pureza, indispensables para una convivencia armoniosa en sociedad. Las enseñanzas simbólicas que este árbol ofrece se relacionan directamente con las cualidades, la cultura y los méritos del hermano fallecido sobre cuya tumba se coloca. Tradicionalmente, este reconocimiento se reservaba para aquellos masones que demostraban virtudes destacadas y una conducta irreprochable, haciéndolos merecedores de tal distinción. Aunque esta costumbre perdura, su aplicación se ha vuelto menos frecuente hoy en día, incluso entre hermanos que han vivido de manera íntegra y han sido ejemplos de fidelidad a sus principios y de civismo.

Corresponde a todos los Maestros masones perpetuar esta norma de conducta, exigiendo la observancia rigurosa de estos postulados sagrados y continuando con la interpretación adecuada de los ceremoniales en los que se venera el símbolo de la Acacia. Este árbol se ha consagrado como emblema de la iniciación debido a sus interpretaciones esotéricas profundas, que se revelan en el entendimiento de los fenómenos naturales y su origen desde una perspectiva científica. La relevancia de la Acacia en los ritos masónicos no es solo ceremonial sino profundamente simbólica, apuntando a misteriosas cualidades que son esenciales para entender la iniciación masónica. En el ritual, la Acacia simboliza tres conceptos clave: la inmortalidad, la inocencia y la iniciación, cada uno vinculado estrechamente con las enseñanzas que se imparten en el grado correspondiente.

Para recibir justamente esta distinción, es crucial, en primer lugar, resurgir a una nueva vida incluso a costa de sacrificios personales; en segundo lugar, adherirse a los principios puros adquiridos desde el período de iniciación; y en tercer lugar, dominar y profundizar en los misterios de la naturaleza para descubrir los secretos que requieren inevitablemente una iniciación más profunda en las diversas cámaras masónicas.

La interpretación filosófica y esotérica del árbol de Acacia, plantado sobre la tumba de nuestro gran Maestro Hiram, quien murió asesinado, encapsula estos profundos simbolismos. Estas interpretaciones no solo reflejan la esencia de la enseñanza masónica, sino que también guían al Maestro Masón en su jornada espiritual y moral, recordándole que la verdadera elevación viene a través del auto-sacrificio, la pureza de vida y el compromiso con el aprendizaje continuo y el servicio a los demás.

La Acacia y su significado anímico y espiritual

En el contexto masónico, la acacia no solo representa un símbolo vegetal, sino que encarna una profunda filosofía de vida y muerte, tal como se refleja en la exaltación vivida por el personaje de Hiram en la leyenda masónica. Este árbol simboliza la inmortalidad del alma y la trascendencia de las ideas; enseña que si la idea o el verbo perdura, entonces el alma continúa su camino más allá de la muerte física. Por ello, el nuevo Maestro Masón está llamado a llevar en su corazón el mensaje sublime de la acacia a lo largo de su recorrido masónico, asegurando que este legado de sabiduría y fortaleza espiritual guíe su existencia.

La Acacia me es conocida

El significado de la frase «la acacia me es conocida» tiene una relación directa con el conocimiento que el masón posee sobre la leyenda hirámica. En esencia, lo que un masón del Tercer Grado está declarando con esta afirmación es que conoce la leyenda y que, por ende, está autorizado para estar presente en los trabajos masónicos del grado de Maestro Masón. Esta frase es un ejemplo sublime del conocimiento avanzado que acredita al Maestro Masón, merced a su progresión dentro de la masonería, gracias a sus conocimientos acumulados y el espíritu de trabajo iniciático que ha desplegado.

Sin embargo, la idea va más allá de una simple declaración. El símbolo condensado en esta afirmación, cuando el iniciado recibe una pregunta y da su respuesta, se enmarca en la noción de que no teme a nada en este mundo. No se trata de un acto de soberbia humana, sino más bien de una explicación, un relato de su espíritu de realización interior. Las palabras que mejor encapsulan la respuesta del iniciado son: «He contemplado y superado las vicisitudes de la vida, he bajado al seno de la tierra, he resurgido de entre la materia». Esta afirmación sintetiza un enunciado particular de principios morales y de enseñanzas recibidas, que sostienen al masón, quien tiene el sagrado deber de mantener y propagar estos principios mediante su ejemplo diario.

Si el árbol de la acacia ni se pudre con la humedad ni es atacado por las plagas, transmite el etéreo mensaje de que el Maestro Masón sabe conciliar su vida de trabajo y estudio, no corrompiéndose con las humedades de los egos y al mismo tiempo, sintiéndose inmune ante los ataques de las plagas de los vicios y las pasiones humanas. La frase también condensa el mensaje armonioso del sentido de responsabilidad social del Maestro; las hojas de la acacia se inclinan cadenciosamente durante las horas de la noche y se yerguen durante el día. De esta manera, participan en las actividades de los ciclos de la naturaleza. El mensaje al iniciado, al Maestro, es que debe compartir en todo momento lo aprendido dentro de los templos masónicos en el desarrollo cotidiano de sus ocupaciones diarias. Esto significa comportarse como un verdadero masón, pero con una responsabilidad manifiesta de Maestro en la sociedad profana.

«La acacia me es conocida» indica que el masón comprende que la vida se sustenta por la muerte y que la muerte es simplemente un nuevo grado de evolución en el ser humano. Por lo tanto, la verdadera meta del masón es actuar con rectitud, amor, virtud y filantropía. Al avanzar a través de este grado, el tercer grado de la masonería simbólica, la acacia, símbolo de la inmortalidad, se convierte en emblema y símbolo del Maestro Masón, quien ha renacido para la virtud, con la obligación de dejar atrás las bajas pasiones que puedan acecharle en ciertos momentos.

10
LA CONCEPCIÓN FILOSÓFICA DE LA INMORTALIDAD

«La vida es una sucesión de lecciones
que hay que vivir para comprenderlas».

Helen Keller

Sobre la Trascendencia

Habitualmente, como iniciado, el nuevo Maestro Masón ha avanzado en su escalafón dentro de la Orden. Sus inquietudes intelectuales, se supone, habrán evolucionado y sus conocimientos y habilidades habrán validado su ascenso al tercer grado. A partir de la Leyenda de Hiram, comienza a adoptar nuevas perspectivas respecto a la trascendencia y la muerte.

Reflexionar sobre la muerte y la trascendencia nos incita a explorar las distintas facetas de la existencia humana y a cuestionar nuestras creencias y percepciones sobre el significado de la vida y la muerte. Desde un enfoque científico hasta experiencias personales y creencias religiosas, cada perspectiva aporta un punto de vista único a este fascinante debate. Independientemente de si creemos en una vida después de la muerte o en la importancia de encontrar un sentido más profundo en esta vida, reflexionar sobre la muerte y la trascendencia nos motiva a valorar nuestra existencia y a vivir plenamente el tiempo que tenemos en este mundo.

Desde la perspectiva de los iniciados, se adopta una forma de pensar diferente respecto al final de la vida terrenal, siempre teniendo en cuenta las evidencias indiscutibles y científicas. Pero, sin profundizar demasiado, la muerte, el fin de la vida, es el cese de las funciones vitales de nuestro organismo y el fin de la conciencia. No existen pruebas científicas que respalden la existencia de una vida después de la muerte física. Hay una percepción clara e irrefutable de que el fallecimiento, la muerte, es el final absoluto. Si se observa desde una perspectiva atea, la muerte es el final de la existencia consciente y no hay vida en el más allá.[49]

La trascendencia masónica vertebrada

En un mundo lleno de incertidumbre y caos, es fácil perder de vista lo que realmente importa y dejarnos llevar por el estrés y la ansiedad. Sin embargo, encontrar el significado de la felicidad en medio de todo esto es posible si nos tomamos el tiempo para reflexionar y hacer algunos cambios en nuestra vida. Muchos encuentran sentido en la lectura, el arte, los viajes, etc. Pero otros, en su búsqueda de ir más allá, llaman a las puertas de la masonería. Tú, nuevo Maestro Masón, también lo hiciste en su momento. Así surge la trascendencia masónica y comienza la búsqueda de un significado más allá de lo meramente terrenal.

El iniciado masón es instruido desde el primer momento en la búsqueda, que se convierte en un faro que guía al hermano a través de las enseñanzas y rituales hacia los símbolos esenciales de Muerte y Renacimiento. En simbología, estos dos conceptos

---

[49] La búsqueda de la trascendencia implica explorar las preguntas profundas sobre el propósito de nuestra existencia y cómo podemos encontrar un sentido más allá de lo material y lo mundano. Muchos han encontrado en esta búsqueda una fuente de inspiración y un camino hacia una vida más significativa y plena.

representan una nueva dimensión de transformación del individuo. Por lo tanto, la trascendencia masónica implica entender que la existencia no se limita al tiempo y al espacio terrenales, sino que se orienta hacia una búsqueda de la Verdad y de la sabiduría iniciática y simbólica, que lleva al individuo a explorar la naturaleza de la vida y de la muerte desde una perspectiva más allá de lo estrictamente humano.[50]

Visualización positiva masónica de los símbolos

En la sociedad contemporánea, o como dicen los franceses, la «citée», es fácil olvidarse de la importancia de la visualización. Para el nuevo Maestro Masón, esto representa un punto de inflexión crucial. La práctica regular de la visualización permite que la mente trabaje en armonía bajo los auspicios de pensamientos positivos derivados de la vida iniciática. Aprender a ver, asociar y disfrutar del simbolismo conlleva cambios significativos que facilitan el aprendizaje para cuestionar, dudar e inquirir en todas las áreas de nuestras vidas.

Considerar todo como un ejercicio singular de autorreflexión se vuelve cada vez más desafiante debido a las rutinas diarias que nos constriñen. El poder de la visualización masónica radica en la capacidad de reconsiderar nuestra vida, detenernos a cuestionar y examinar nuestras fortalezas y debilidades, y trabajar hacia el mejoramiento personal. Este proceso luego se traslada a la logia y a la vida masónica en un nivel grupal y fraternal, reflejando el examen del «nosce te ipsum» o «conócete a ti mismo».

---

[50] Si nos atenemos al ritual de Primer Grado al iniciarse la tenida, el Venerable Maestro dice: «Hermanos, ya no estamos en el mundo profano, hemos dejado nuestros metales en la puerta del templo; elevemos nuestros corazones fraternalmente y que nuestras miradas se vuelvan hacia la Luz».

La trascendencia masónica hacia principios éticos

En la logia, observamos el cielo y las estrellas; la bóveda sagrada se despliega ante nuestros ojos, ofreciendo una perspectiva que a veces se olvida. Es en este contexto donde debe manifestarse y representarse la trascendencia masónica, revelando los símbolos del descenso y de la ascensión o elevación. El cielo estrellado simboliza lo infinito, lo supra terrenal y lo absoluto.

Es crucial que el nuevo Maestro preste atención a los numerosos símbolos fundamentales presentes en la logia que incitan a la elevación en busca de la trascendencia. Una rica simbología debe llenar nuestro corazón y nuestra imaginación: el ojo en el delta luminoso, la estrella flamígera, y el ignoto punto en el centro del círculo. Contemplando el cielo estrellado de nuestras logias, nos enfrentamos al Absoluto, al misterio, a lo inaccesible y a lo ilimitado. ¿Hemos reflexionado sobre las cósmicas distancias y la vertiginosa altura que separa las estrellas de la tierra?

Desde el grado de Aprendiz, en el Rito Inglés de Emulación, una escalera simboliza la elevación progresiva y está representada en el cuadro de la logia, señalando el camino ascendente que el iniciado debe seguir para elevarse gradualmente.[51]

Si el Maestro Masón logra acceder a la trascendencia, esto le permite alcanzar la cima de su ser. Acceder de manera sublime a un estado especial de percepción directa a través de su intelecto y su corazón implica la materialización de lo divino en el hombre, expresando su grandeza ante el cosmos, en un punto de inflexión entre lo finito y lo infinito.[52]

---

[51] MAINGUY, Irene. *La franc-maçonnerie claerifiée pour ses initiés. Le Maître.*

[52] NAUDON, Paul. *Hiram et le Minotaure.* Ed. G. Trédaniel, París, 1990.

La muerte: aprender a morir

«La muerte tiene diez mil puertas distintas
para que cada hombre encuentre su salida».

John Webster, *La Duquesa de Malfi,* 1612

La muerte, ese ineluctable destino que alcanza a un hermano, un ser amado, un hijo que parte antes, o ese amor cuya pérdida nos sumerge en un angosto y laberíntico tormento del cual es difícil escapar. Para enfrentar el crudo fenómeno de la muerte, recurrimos a los textos de Séneca.[53]

Séneca, lejos de negar el dolor, lo resalta en toda su crudeza, pero reniega de la tragedia. Nada es tan exclusivamente humano como la muerte, y nada más urgente que evitar que la muerte de un ser querido nos arrastre con ella. El propósito de los consejos de Séneca es prevenir que la muerte nos 'mate' en vida, convirtiéndonos en seres espectrales, meras criaturas dolientes.

En verdad, todos queremos comprender qué es la muerte en sí misma, aunque pocos lo admitan. Este conocimiento nos ayudaría a anticipar los eventos de nuestra propia enfermedad terminal, o a entender de manera más clara y precisa lo que le ocurre a un ser amado en sus últimos momentos. Para la mayoría, la muerte sigue siendo un misterio oculto, tan erotizado como temido, y ninguno de nosotros parece ser capaz, de manera consciente, de enfrentar la simple idea de estar muerto. La idea rotunda de estar en un lugar, muerto, donde simplemente no hay nada.

La muerte biológica es una etapa inevitable para cada uno de nosotros, que solemos enfrentar a medida que avanzan nuestros años. Nadie piensa habitualmente en la muerte, pero las personas que llegan a los 80 años, sean iniciados o no, aunque

---

[53] Séneca, Lucio Anneo. *Sobre la muerte del hermano.* Guillermo Escolar Editor. Madrid. 2022.

traten de no pensar en ella, evidentemente ya la contemplan desde un prisma más cercano. Idealmente, cada persona debería aprender a prepararse con serenidad para esta última e inevitable etapa de la vida, consciente de su realidad, y con parámetros de sentido común y dignidad.[54]

Acerca de la Inmortalidad

«Imagínate que vives en un mundo sin espejos».

Milan Kundera, *La inmortalidad*

En el *Libro del Maestro* de Wirth, abordando el tema en 1894, se considera a los seres humanos como pertenecientes a un mundo que cada día descansa y duerme unas horas. Según él, en el periodo en que permanecemos dormidos, en realidad morimos y al despertar, renacemos a la vida. No entraré en esos lares filosóficos, pero lo cierto es que morir es parecido al ya no despertar.[55]

Lo que subsiste después de la muerte es, principalmente, el recuerdo. Dejar tras de sí una memoria honrada debe ser la ambición de cada uno… El Arte de vivir bien es el más supremo de todos: es el gran arte o el arte real, al cual se consagran los iniciados… sepamos vivir bien y la muerte no será para nosotros sino el medio de vivir siempre.

Querido nuevo Maestro, recuerda siempre, desde ahora mismo, que la plena posesión de la maestría masónica no se consigue y no es accesible sino viviendo un ritual de muerte como el que has experimentado recientemente en tu ceremonia de tercer grado. En realidad, se conjuga con la potencia del acto vivido dando acceso a la perennidad del espíritu, a la inmorta-

---

[54] MAINGUY, Irene. *La franc-maçonnerie claerifiée pour ses initiés. Le Maître.*

[55] WIRTH, Oswald. *El Libro del Maestro Masón.* Ed. MASONICA, 2017.

lidad simbólica. Has alcanzado un estado en el que se te asegura una inmortalidad espiritual, muy por encima de los odios, la hipocresía y la falsedad. Y ya tienes el yugo esclarecedor de luchar siempre contra estas lacras a las que se añade la ignorancia.

Estás al pie de la tumba de Hiram, es decir, frente a un atanor en el que siempre se cumple la obra alquímica. Es necesario que tengas presente que en alquimia, cuando la fase de corrupción ha llegado a su fin, se libera el germen vivificante y se arriba al proceso del nacimiento de un nuevo ser.

Al pie de la tumba de Hiram, el iniciado es el hombre que ha conquistado el mundo y lo domina en la plenitud del ser, seguro de sí mismo para hacer el bien, seguro de sus conocimientos, conocedor del largo sendero que algún día le conducirá hacia la liberación definitiva, hasta la verdad que había venido a buscar cuando estaba en las tinieblas y decidió abrazar a la masonería.[56]

La garra masónica y su simbolismo

Lo que se podría denominar idioma masónico universal se hace entender y expresa por medio de una sucesión de gestos determinados con las manos, que simbolizan los diferentes grados. No son ni invenciones ni gestualización vana, apócrifa o inventada; sino que proceden de antiguas costumbres adoptadas en el devenir de la historia, reflejadas en diferentes citas bíblicas.[57]

Estos pasajes revelan la importancia de los gestos y saludos, tanto en contextos rituales como de reconocimiento mutuo entre ellos; y destacando en situaciones de confianza y de lealtad

---

[56] DELCAMP, Edmond. *La montée vers l'Orient.* E. Dervy. 1975. págs. 162-164.
[57] BIBLIA: 1Samuel 29; Hechos 20; Romanos 1:8.

figura el simple apretón de manos, que viene a ser un saludo que ha perdurado a lo largo de los siglos con valor ritualístico.

Entre los masones, existe un sistema propio y emblemático para reconocerse y, dentro del mismo, para efectuar el saludo entre Maestros, tenemos la denominada garra masónica. Esta, diferenciándose de los saludos de primero y segundo grado, expresa y despliega un amplio abanico de símbolos en torno a su ejecución.

Narra la tradición que, en los actos ejecutados durante los juramentos entre los antiguos judíos y paganos, estos consistían en levantar hacia arriba la mano derecha; dicha acción constituía la costumbre universal adoptada entre los creyentes para sustanciar y verificar sus ceremonias. Esas mismas prácticas y usos provenían desde los tiempos bíblicos de Abraham.

También el ceremonial de las antiguas iniciaciones implicaba que los involucrados en ellas, al prestar sus juramentos, colocaban su mano derecha sobre el pecho al lado del corazón y en ocasiones sobre la palma de la mano de quien dirigía tal obligación; pero invariablemente en todos los casos consideraban indispensable dicha práctica para que fuera efectiva la solemnidad, la validez y la confirmación de dichos juramentos; puesto que tomaban en consideración que la mano derecha era el símbolo de la fidelidad.

Pero el signo de los Maestros, de la garra y muy en especial teniendo en cuenta de la manera como se efectúa, evoca y presenta primeramente un fuerte sentido de la fuerza de voluntad del que lo hace unida al que le toma la mano. Acto seguido, la conexión continua y tenemos que el cuerpo de ambas manos viene a representar a cada uno de los participantes, pero sus dedos que presionan con más fuerza delimitan la garra que concurre, en la totalidad del sentimiento de fraternidad universal. La tercera dimensión de la garra masónica delimita y estructura la definición universal del socorro mutuo.

Todo ello enlaza en sentimiento de fidelidad y de voluntad de los integrantes del saludo, en unirse a los sublimes lazos de la confraternidad universal. En algunos pasajes de los escritos de Flavio Vegecio[58], se describe una peculiar manera de reconocimiento y de saludo que exigía un compromiso de fidelidad. En su mitología existía la diosa Fides a la que se le veneraba por medio de una representación de una figura con dos manos derechas enlazadas en la forma de la garra masónica. Todo ello comportaba a un compromiso de compañerismo, de adhesión y de fidelidad tanto en los dichos como en los hechos.

En el sentido moral, el signo de la garra representa a los sentimientos humanos cuya unión es lo que constituye el engrandecimiento espiritual de los masones y en particular de la Orden; pero de conformidad con sus acepciones en el sentido ético-social. De ahí viene la ineludible obligación implícita para prestarnos el auxilio mutuo además de la ayuda que debemos impartir a todos nuestros semejantes.

La exégesis y glosa esotérica del signo, consiste en conocer una demostración genésica en la que se manifiesta a la estrecha unión de los tres agentes generadores de la Naturaleza, como lo son el elemento tierra, el contingente semilla y el medio germen, que en conjunto son los factores que constituyen con su constante evolución a la inmortalidad de todo cuanto existe dentro del seno del Universo.

Finalmente, podemos concluir que el signo de la garra, es el que viene a demostrar, como componente netamente masónico, que la unión hace la fuerza, como circunstancia que debe concurrir a la realización de todos los actos que ejecuta el hombre durante su existencia.

---

[58] VEGECIO, Flavio. *Epitoma rei militaris.* Tratadista militar romano de la época tardía. Fuente: Wikisource.

11
CONSIDERACIONES Y NOCIONES FILOSÓFICAS E INICIÁTICAS DEL TERCER GRADO

El número 7, origen e interpretación

La palabra 'siete' se refiere a un signo del alfabeto griego y proviene del latín *septem,* que a su vez ha sido trasladado a la numeración árabe. Este número también se encuentra constituido de manera velada e iniciática por las siguientes combinaciones: uno y seis, dos y cinco. Macrobio[59], en su tratado *Commentaire au songe de Scipion* del año 430, revitaliza estas interpretaciones aludiendo al sol, la luna y cinco planetas: Mercurio, Venus, Marte, Júpiter y Saturno (2 y 5) y considera el 6 y el 1 asociándolos al mundo como una totalidad, refiriéndose a las seis direcciones posibles del espacio (delante, detrás, derecha, izquierda, arriba, abajo) más el centro, representando la totalidad del espacio.

El siete es considerado el número de los Maestros, apto para enseñar el Trívium y el Quadrivium del Compañero (3+4=7). Este número es reconocido entre los símbolos esencialmente co-

[59] Macrobio, también conocido como Macrobius Ambrosius Theodosius, fue un destacado escritor y gramático activo durante el último cuarto del siglo IV. Se interesó profundamente en la relación entre los números y su conjunción con los astros, explorando este tema en sus obras. Su trabajo lo estableció como un referente importante en el estudio de la astrología y la numerología en su época.

nocidos por los Pitagóricos, los Kabalistas y los Gnósticos, así como por todas las asociaciones místicas de la antigüedad.

La relevancia simbólica del siete se encuentra en casi todos los sistemas religiosos, incluyendo las escrituras judías, evangélicas y cristianas, donde demuestra su decisiva influencia. No es sorprendente que este símbolo sea universalmente aceptado en sus diversas formas, medios e interpretaciones emblemáticas también dentro de nuestro sistema masónico.

La veneración que se prodiga a los números en nuestra Orden es notable, considerándose en algunos de ellos cualidades sorprendentes y a veces casi incomprensibles, como las observadas principalmente entre los números impares.

Nos ocuparemos de analizar y estudiar la parte mística, simbólica y filosófica del número siete, cuya influencia puede interpretarse como una cualidad propia, influenciando las doctrinas antiguas y modernas. La narración mística del siete se refiere a los antiguos siete planetas, las siete Pléyades y las siete Náyades, así como siete altares que ardían eternamente ante los dioses mitraicos. Otros ejemplos incluyen los siete templos sagrados árabes, las siete penínsulas que rodeaban el mundo hindú y los siete dioses adorados por los godos, cuyos nombres hoy en día representan los días de la semana en inglés.

En el simbolismo masónico, el siete es un número respetado y se considera necesario para fundar una logia justa y perfecta, requiriendo el concurso de siete Maestros masones. En el ritual moderno, el siete se interpreta como las siete gradas de la escalera de caracol, en las que aparecen grabados los nombres de las siete ciencias del Maestro Masón, aplicando el signo del siete bajo diferentes formas en todo el sistema masónico.

El equilibrio

El equilibrio es sin duda un factor esencial en todos los niveles de la vida. Un ser equilibrado, a veces sin reconocerlo, logra un ensamblaje Maestro en todas sus acciones diarias. El objetivo y el norte del Maestro Masón debe ser saber equilibrar la vida personal, social y masónica. Un ser equilibrado maneja con soltura el cuidado de sí mismo y la ponderación en diversas situaciones diarias, manteniendo una visión clara del mundo y adaptándose a los cambios ambientales. La falta de metas específicas y el dejarse llevar conducen a la esclerosis del pensamiento.

Estar en equilibrio implica tener una visión objetiva del mundo y saber conciliar los acontecimientos de manera efectiva y siempre positiva, aplicando la justa medida en cada situación. La simbología de las balanzas romanas, con ambos brazos en equilibrio perfecto, ilustra este concepto, sugiriendo que el medio, o el estado intermedio, es el estado óptimo y perfecto.

El Maestro Masón debe integrar esta concepción natural del equilibrio en todas sus facetas masónicas, especialmente en su comportamiento en la Cámara del Medio o en Cámara de Maestros.

A vueltas con la Tradición

En filosofía, la tradición se refiere a ideas y enseñanzas transmitidas de generación en generación, abarcando costumbres, ritos, usos sociales, valores y normas de conducta. Puede ser exotérica, accesible al público general, o esotérica, requiriendo cierto grado de iniciación para su estudio profundo.

En el contexto masónico, el nuevo Maestro debe basar su progresión masónica en el estudio y revisión de ideas generales, a veces conocidas pero no siempre apreciadas en su verdadera y necesaria importancia.

12
LOS DEBERES DEL MAESTRO

La Maestría

Después de sus experiencias en el primer y segundo grado, el nuevo Maestro, como ya hemos mencionado, comienza una nueva singladura. Esta etapa se caracteriza por la transmisión masónica, enfrentando nuevos retos y asumiendo distintas responsabilidades hacia la Orden, hacia sus Hermanos y hacia sí mismo.

El concepto esencial, la noción nuclear, debe ser consciente y segura, siempre dentro de las avenidas de la responsabilidad de «Reunir todo lo que está disperso». A partir de esta circunstancia, podemos hablar también de «La Palabra perdida». En el ritual de tercer grado se aborda la cuestión:

> ...tres grandes golpes que han causado el fin trágico de nuestro Respetable Maestro Hiram.[60]

La tradición masónica agrupa el sentido de numerosas tradiciones en las cuales había, en origen, una Verdad. Esta verdad se ha ido degradando a través del tiempo y, sin darnos cuenta, ha desaparecido brutalmente.

> –¿Cómo viajan los Maestros masones?
>
> –De Oriente a Occidente y de Occidente a Oriente y por toda la tierra.

---

[60] Ritual de Tercer Grado del R.E.A.A.

–¿Con qué objeto?

–Para buscar lo que está perdido, reunir lo disperso y repartir por todo lugar la Luz.

El acceso a la Cámara del Medio corresponde a una vía axial que le permitirá encontrar un justo equilibrio en el mundo de la dualidad. También otorga beneficios que no tenía hasta entonces, como la plenitud de sus derechos masónicos, aunque conlleva también las obligaciones que le esperan. Como ya se ha dicho, llegar a Maestro no significa alcanzar tal estatus de la noche a la mañana. Es preciso poner en marcha el lento proceso alquímico de la construcción para acceder a la maestría real. En alquimia, existe el proceso lento de la ebullición. Para lograr el resultado final, es necesario aplicar al fuego los elementos precisos para obtener el óptimo resultado: el Maestro que da todo de sí y está capacitado para transmitir el Conocimiento.

El grado de Maestro: ¿un estado teológico?

Desde sus inicios, se considera al tercer grado, el de la maestría y el conocimiento, como una fase de culminación de estudios elevados, que en su día se denominaban estudios filosóficos y teológicos de las ciencias físicas y ocultas.[61]

La masonería estudia al hombre desde su triple proceso: nacimiento, vida y muerte, desde tres aspectos distintos. El de Aprendiz representa el nacimiento y el principio intelectual del conocimiento. El de Compañero la asimilación correcta de los saberes, dinamizada por la esencia del Trabajo y el estricto cum-

[61] Con este párrafo creo sustanciar, de manera telegráfica y resumida, una serie de escritos que llevan el mismo mensaje etéreo y simbólico. Es válido y muy interesante el prólogo del libro de rituales titulado *Ritual del Grado de Maestro* de J.M. Ragon (1873), el cual contiene textos de una profundidad excepcional dentro del mundo iniciático y simbólico.

plimiento de los deberes. El de Maestro es un grado de total perseverancia en el aprovechamiento de la vida. Nada se pierde en la Naturaleza; si tu parte material subsiste, con mayor razón sobreviven la intelectual y la moral.

La Maestría vence y obtiene el deseado premio: la inmortalidad.[62]

En el contexto del tiempo en que fueron escritos diversos rituales, algunos de ellos destacan más por sus intensos y dilatados prólogos, evidenciando una clara intención de proporcionar una capacitación elaborada, siguiendo las pautas de una gran e intensa preparación intelectual. Así, había una triple alegoría según los tres grados:

Grado Primero: interpretación totalmente física que recordaba la iniciación primitiva de los misterios egipcios.

Grado de Compañero: interpretación intelectual, estudiando las artes y las ciencias.

Grado de Maestro: interpretación moral, abarcando poderosos caminos iniciáticos repletos de sabiduría y responsabilidad.

El Maestro y sus cualidades intelectuales y de conocimiento

En el desarrollo posterior del Maestro y su disposición para versar y dirigir su mensaje, no debe ser corto ni escueto, sino el resultado de un lapso necesario para enfocar su visión personal en una dinámica de docencia particular. Tiene que sustanciar todo su mensaje bajo los auspicios de la armonía. Quizás, el mejor método nos venga de los pensamientos de Marco Aurelio, quien delimita y traza su manera de pensar respecto a la docencia.

---

[62] RUIZ, J. y RUIZ, C. *Ritual del Maestro Masón.* Imprenta Moreno y Rojas. Madrid.

Todo debe enfocarse en virtud de saber adaptar instintivamente su enseñanza, de manera precavida, pero sabiendo encauzar su docencia a partir del instinto combinado con el conocimiento. Todo es más fácil cuando se domina el *tempus*, y a través de un mensaje claro se consigue que los alumnos empaticen con las enseñanzas.

> Como el fuego, cuando se apropia de los objetos que caen sobre él, bajo los que una pequeña llama se habría apagado. Pero un fuego resplandeciente con gran rapidez se familiariza con lo que se le arroja encima y lo consume totalmente, levantándose a una mayor altura con estos nuevos escombros.[63]

La improvisación, siempre regida por el conocimiento y la apertura de miras, debe sustanciar las capacidades del Maestro Masón. Poco a poco, conformará, si persevera, el magma justo y preciso para la capacidad de ejercer su nuevo rango o cualidad y estar preparado para los menesteres que su logia le asigne.

Debe abrir los ojos de manera amable a toda clase de conocimiento útil de concepción de vida y costumbres. Especialmente

---

[63] MARCO AURELIO. *Meditaciones*. Editorial Losada. Madrid. 2018. Libro IV. He considerado oportuno citar a Marco Aurelio para explicar, definir y justificar la manera de pensar que, a mi modo de ver, debe atesorar el Maestro, tanto en su logia, en su Obediencia y en su Consejo Supremo, si después llega a los Altos Grados. Pero todo esto debe emanar desde el principio, evitando la perversión del conocimiento que algún mentor, sin mala fe pero poco preparado, pudiera impartir. Marco Aurelio tuvo a su madre, Domicia Lucila, una romana virtuosa, como educadora, y quien lo confió más tarde al cuidado de un preceptor para que lo iniciara en la práctica de las virtudes estoicas que debían regir su vida: sinceridad, sencillez y valor. Estudió dibujo y pintura con Diognetes para aprender el amor por las bellezas de la naturaleza; retórica con Frontón, su Maestro preferido y amigo dilecto después; música y danza. Lector de Homero y Hesíodo y de los grandes trágicos griegos, cultivó al mismo tiempo la salud física mediante la práctica de los ejercicios impuestos por las disciplinas helénicas: lucha, carreras, pugilato y caza. A los cuarenta años, Marco Aurelio sucedió a Antonino en el trono, pero la preocupación constante por el interés general no le impidió dedicarse a los estudios filosóficos. El pueblo romano, a quien censuraba y castigaba, incitado por el ejemplo de su emperador, se encaminó así por la ruta del estoicismo. Marco Aurelio vivió cincuenta y nueve años, de los cuales alcanzó a reinar por un período de diecinueve.

en nuestros tiempos, en los que prima la velocidad, el exceso negativo de información y la proliferación de las noticias falsas (*fake news*).

Asimismo, debe acostumbrarse a la progresión en todos los sentidos en su entronque, en su inserción en el cuadro de la logia y en su devenir masónico. Debe tener muy presente la antigua expresión masónica que ya le fue enseñada en sus principios en la Orden: «Tres oficiales dirigen la logia, cinco la iluminan y siete la hacen justa y perfecta». Esta acepción debe representar para él mucho más que en su etapa de Aprendiz y Compañero. En su devenir masónico, su progresión podrá ser alterada por necesidades vitales, concretas y específicas de su logia. Y entonces deberá tener bien presente que la masonería está siempre generalmente colegiada.

Aprender a ser Maestro de uno mismo

Cuando Wirth aborda este aspecto[64], debo reconocer que, en tres páginas, explica, razona y delimita con exactitud quirúrgica las características concretas de este importante tema, que se centra en la formación intelectual e iniciática del nuevo Maestro. Pero una idea telegráfica debe guiarnos en este asunto: ser ejemplo ético, transmitir conocimiento y sabiduría, perseverar en la autodisciplina y automejora, tener unos mínimos de liderazgo, practicar el estudio y la reflexión constantes y disponer de un sobrio equilibrio entre la humildad y la confianza. Este es el marco ideal.

Es fundamental que cada uno se oriente hacia el autoconocimiento, este «nosce te ipsum» particular, que es esencial. Ya se han superado dos etapas anteriores, las del primer y segundo

[64] WIRTH, Oswald. *El Libro del Maestro Masón.* Págs. 133-135.

grado. Ahora debe actuar el Maestro. Y a partir de los principios enumerados anteriormente (que evidentemente son susceptibles de interpretación personal, siempre desde la honestidad consigo mismo) se debe llegar a un resultado.

La experiencia acumulada y la personalidad de cada uno de ustedes son vitales. Si como Aprendices preservaban la mente de toda agitación mediante el signo y la postura, y como Compañeros tenían el corazón como resalte de grado, ahora como Maestros tienen la soberanía absoluta de su razonamiento en el vientre.

El Maestro debe evitar toda acrobacia que no nazca del corazón y que pueda llevar a un desastre. El sentido común debe imperar en todo momento y en todas sus acciones.

Una rápida recapitulación sería fomentar entre los demás, entre los pares, el estudio y la reflexión personal. Actuar siempre con coherencia y autenticidad, comprender a los demás y ofrecer, en lo posible, orientación efectiva. Confiar en sus conocimientos, pero estar dispuesto a aprender de los demás. Resolver conflictos cuando los haya y trabajar siempre desde la perspectiva de que sus Hermanos se sientan parte de una comunidad fraterna.

La obra literaria de *Fausto* como reflexión

El nuevo Maestro debe ser humilde y servicial, aspirar a mejorar sin caer en la ambición, ese «ego» que a veces todos sacamos a pasear. Pero siempre debe estar dispuesto a conducir y ayudar a los demás, especialmente con su actitud y ejemplo ante los Aprendices y Compañeros. No está de más reflexionar sobre la obra escrita por el Hermano Goethe.

Fausto, como obra literaria icónica, ha cautivado a los lectores durante siglos. Esta obra maestra es una reflexión sobre el deseo humano y la búsqueda de la verdad (reflexión del Maestro Masón). Fausto es presentado como un hombre que busca el conocimiento absoluto y la realización de sus deseos más profundos. Sin embargo, su búsqueda lo lleva por un camino oscuro y peligroso, en el que se enfrenta a la tentación, la traición y la muerte (veamos los peligros del fanatismo, la ambición y la ignorancia). Fausto hace un pacto con Mefistófeles, el diablo, en busca de conocimiento y placeres mundanos. Este pacto es el eje central de la trama y representa la complejidad del ser humano en su búsqueda constante de la felicidad y la realización personal. Fausto, un erudito y científico, se siente insatisfecho con su vida y busca respuestas en el conocimiento y la experiencia (¿No nos ocurre algo de esto, algo parecido, cuando decidimos entrar en la masonería?). Es entonces cuando Mefistófeles aparece en su vida, ofreciéndole todo lo que desea a cambio de su alma. Fausto, tentado por la promesa de la felicidad y el conocimiento absoluto, acepta el pacto. Sin embargo, a medida que la historia avanza, Fausto se da cuenta de que su pacto con Mefistófeles no es tan beneficioso como pensaba. El diablo lo lleva por un camino de destrucción y desesperación, haciéndolo perder todo lo que valoraba en la vida. Fausto se da cuenta de que la felicidad y el conocimiento absoluto no son tan importantes como la moralidad y la ética (esencias masónicas necesarias).

El pacto con Mefistófeles representa la lucha interna del ser humano entre el bien y el mal, la razón y la emoción, la moralidad y la tentación. Fausto, al final de la obra, se arrepiente de su pacto y busca la redención a través del amor y la compasión (amor y compasión son dos prerrogativas esenciales masónicas). Este final muestra que, aunque el ser humano puede ser tentado por la promesa de la felicidad y el conocimiento absoluto, al final, la verdadera realización se encuentra en la moralidad y la ética.

El arte de saber escuchar

Desde un buen principio, el Aprendiz masón conoce la Regla del Silencio, necesaria para su acondicionamiento en logia como recién llegado. Esta situación le permite estar atento y recibir más fácilmente los nuevos inputs. Así, se habitúa a escuchar y no solo a oír. Además, entra en una dinámica que evita la costumbre de emitir juicios precipitados.

Sin embargo, ya en el tercer grado, el nuevo Maestro debe estar acostumbrado a esta manera de trabajar en el Arte, y debe poner los cinco sentidos en perfeccionar este método de saber escuchar y digerir lo escuchado. Esto le permitirá alinear sus pulsiones primarias, clarificar contradicciones y disipar toda confusión. Aunque parezca obvio, no está de más repetirlo con un fin eminentemente pedagógico y libre de toda insistencia impertinente.

Mediante la atenta escucha, se podrá actuar en consecuencia, comprendiendo lo recibido y atendiendo a lo que se nos solicita, tal como nos gustaría ser atendidos. Hay varios aforismos al respecto, como «Lo que siembres, recogerás», que no necesitan más explicación.

Por otra parte, la persona que nos pregunta o inquiere percibe la empatía con la que se recoge la pregunta y establece una base de mutuo reconocimiento, lo que nos aproximará a ella en el futuro. Tal debe ser la conducta del nuevo Maestro.

Acostumbrarse a ejercer la Maestría desde buen principio

Ejercer la Maestría podría definirse, en primer lugar, como el arte de la empatía y de reagrupar todo lo que está disperso. Estas consideraciones se hacen en la actualidad por el estado de la sociedad, de la ciudad, este mundo voraz del aquí y ahora, de la dura inmediatez, que aunque no lo parezca puede mediatizarnos en momentos determinados, no solo en sociedad sino también en el mundo masónico.

Esta rapidez de actuación no debe influir ni privar la acción del Maestro en su aprendizaje y acondicionamiento a la continua reflexión, dentro de un mundo sujeto a las futilidades de la sociedad.

En este contexto, pongo en consideración la vigencia de los nuevos compromisos que pronto tendrá el nuevo Maestro ante sí. Como tal, asumirá sus responsabilidades iniciáticas, comenzando por realizar las aplomaciones para la entrada de nuevos miembros en la Orden. Aunque pueda no parecerlo, se trata de un gran compromiso, y el Maestro puede darse cuenta de su soledad en este proceso desde el primer momento. Tendrá que actuar por su cuenta y riesgo.

Evidentemente, existe un guion para cada encuesta, pero hay que saber ir más allá, compaginándolo con una batería de preguntas adecuadas para poder después redactar su informe. Y, por supuesto, su decisión, junto con la de los demás encuestadores, será tomada en consideración. Entre sus decisiones, puede darse la circunstancia de aconsejar un Pase bajo venda, o incluso una bola negra al candidato entrevistado. No debe dudar ni cohibirse; si en conciencia lo estima, así deberá proceder.

Escuchar, leer, comprender, meditar y actuar

Abordo estos participios desde mi concepción de las consideraciones que planteó Wirth en 1894, las cuales, como nunca me canso de remarcar, deben contextualizarse y actualizarse. Por otra parte, Irène Mainguy, desde la perspectiva francesa, sigue un camino semejante. Todas estas matizaciones pueden parecer lógicas y predecibles a primera vista, pero creo honestamente que deben ser tomadas en consideración en la instrucción.

Vayamos por partes. Primero, tenemos el participio de **Escuchar**. Escuchar significa, en primer lugar, hacer un silencio propio y personal. Escuchar es recibir, lo que implica que desde nuestros oídos, debido a la atención que ponemos, el cerebro interpreta el mensaje recibido. Esta situación puede complicarse con el uso indiscriminado y voraz del celular o móvil.

Los francmasones pertenecemos a la tradición pitagórica, que en su tiempo se basaba en la oralidad[65]. Desde el principio, como Aprendices, no sabemos leer ni escribir. Se trata de la concepción de la oralidad, ya que la tradición oral desempeñó un papel fundamental en la transmisión de conocimientos. Las palabras y su significado estaban a merced de la mente humana y su memoria, que era la principal herramienta para preservar la sabiduría y las ideas.

Pasemos ahora a **Leer**. Si nos enmarcamos en la historia, existen unos textos sagrados en los entornos judío, cristiano y musulmán. A partir de aquí, tenemos la Torá, la Biblia y el Corán. Son los Libros Sagrados. Con el tiempo, la escritura comenzó a desempeñar un papel más relevante. Permitía salvar la fugaci-

---

[65] Irène Mainguy nos recuerda el proceso de «las Acústicas» en tiempos de Pitágoras. Él hablaba a sus discípulos oculto detrás de una cortina; ellos lo oían, pero no lo veían. A partir de esto, debían pasar de oír a escuchar, y de escuchar a comprender. No se tomaban notas. De esta manera se trataba el viejo pero siempre oportuno tema de la Oralidad, y nuestra obligación iniciática de practicarla.

dad de la oralidad. Los pensamientos podían ser preservados y compartidos más allá del momento presente de la oralidad, y su progresiva especialización facilitó la transmisión de conocimientos cada vez más complejos. A partir de esta circunstancia, la escritura permitía la reflexión sobre los textos escritos, dando lugar a la Filosofía (Presocrática).

El libro, entonces, se convierte en un soporte de conocimiento y, al mismo tiempo, en un mediador entre la realidad y lo imaginario. Recordemos el Volumen de la Ley Sagrada en logia, como una de las Tres Grandes Luces de la Orden, y la posibilidad de transmitir mediante la lectura iniciática los más altos valores.

Continuemos con la **Comprensión**. Después de escuchar o leer, es muy importante comprender. Este proceso es fundamental en muchos aspectos iniciáticos, pero también en la vida cotidiana. Cuando leemos o escuchamos, debemos saber descodificar el mensaje e interpretarlo. Evidentemente, debemos saber contextualizar lo que leemos en función del tiempo en que está escrito, y tener la capacidad de analizar los argumentos que se nos presentan. A partir de este participio, debemos extraer conclusiones y reflexionar. Es decir, debemos tener bien presente que comprender implica más que la mera recepción de información. Es un proceso activo que involucra la interpretación, el análisis y, finalmente, una síntesis y reflexión.

En cuanto al ejercicio de **Meditar**, entra en escena una reflexión personal después de haber recibido una determinada información. Debemos acostumbrarnos a meditar. En nuestra época, este ejercicio puede resultar difícil debido a la dificultad de concentrarse en nuestra sociedad contemporánea de las prisas. Se trata no solo de relajarse, sino de aprender a estar presente en una especie de aquí y ahora. Al hacerlo bien, adoptamos una disciplina que nos permite cultivar la habilidad de observar y evitar perder la concentración o la atención plena. Al meditar, creamos un espacio mental que nos permitirá recibir nuevas ideas, soluciones y diferentes perspectivas. Sin darnos cuenta, nos beneficiaremos de una reducción del estrés cotidiano y un mejor estado de equilibrio y bienestar emocional.

Llegamos al último estadio: **Actuar**. En el Rito Escocés Antiguo y Aceptado, en los momentos finales del cierre de trabajos, el ritual expresa: «Que la luz que ha iluminado nuestros trabajos continúe a brillar en nosotros, para que continuemos fuera la obra iniciada en el templo, pero que permanezca oculta a la mirada de los profanos»[66]. Esta es la inducción a una regla de vida masónica, a un ejercicio personal de compromiso, mucho más necesario por parte de los Maestros.

El trabajo masónico no es más que un iniciático compromiso personal de todos los Hermanos, desde un punto de vista de la realización de una obra común a realizar en el amplio y vasto taller del universo.

[66] Ritual del R.E.A.A.

13
EL ANAQUEL ALQUÍMICO DEL MAESTRO

El dossier alquímico del Maestro

Este tema debe ser abordado con precaución. Es importante para la formación general del masón y, muy especialmente, para el Maestro Masón. En general, se cree que la alquimia consistió en una serie de procedimientos químicos para obtener la transmutación de los metales y lograr la fabricación y obtención del oro: ese oro mediante el cual se obtiene todo en el mundo. Así ocurría en otros tiempos. Sin embargo, a partir de esos postulados teóricos, podríamos llegar a la conclusión de que se podría transpolar a más cosas, en incursiones con la ciencia y, muy concretamente, a un esquema filosófico que globalmente podría, de manera significativa, abordar unos principios solo conocidos por los estudiosos iniciados que tuvieran en sus alforjas mentales un concepto claro de la fórmula de Hermes Trismegisto: «Lo alto es igual a lo bajo; lo que está abajo es igual a lo que está en lo alto». Toda esa amalgama filosófica podría dinamizar una sucesión de ideas respecto a que la ciencia podría ser la imagen de la realidad y que debería buscarse en la realidad lo que enseña la ciencia. Pero había más. Podría ser un arte: el arte de la cultura intelectual y moral del hombre. Y a partir de esas premisas, encontrar un oro simbólico en la concepción del individuo, que nos daría como resultado la perfección humana. Así, con un trabajo especial de sutil y etéreo laboratorio iniciático, se lograría la transformación de la ignorancia, la barbarie y la inmoralidad en un oro de hombres instruidos, corteses y morales.

Todos estos razonamientos podrían circunscribirse en un esplendoroso párrafo de Oswald Wirth al respecto:

> No tenemos a la alquimia por un fin, pero la consideramos un poderoso medio de llegar por ella al discernimiento de lo verdadero, y por este a la realización del bien. La iniciación es una, aunque cada escuela de iniciación use símbolos propios. Aprendamos comparando, transponiendo de un simbolismo a otro, y la luz se hará en nuestro espíritu.[67]

Las esencias de una enseñanza muda

«Que nadie entre aquí si desconoce la geometría».

Platón

Todos sabemos que la escritura primitiva se basaba en signos que evocaban y transportaban a las ideas. Es necesario que existan textos que obliguen a pensar, a meditar, y poder hacerlo mediante la abstracción de la palabra. Se ha dicho que la palabra le fue dada al hombre para que pudiera disimular su pensamiento. Sin embargo, hay el peligro sustancial de hablar mucho para no decir nada. De estas reflexiones se llega a la certeza ineludible de que la meditación instruye al hombre en las cosas que más le interesan, y todo ello a partir de una profunda escuela de la práctica del Silencio Consciente. Comencemos a mentalizarnos que la materia prima del gran Arte, es decir, la idea pura no falseada por una inteligente aportación verbal, debe extraerse de una mina, un reducto particular de nosotros

[67] WIRTH, Oswald. *El simbolismo hermético.* 1930.

mismos, de un etéreo y misterioso pozo en el que, sin a veces llegar a saberlo, se oculta la verdad.

Que nadie se engañe, la Gran Obra no se consigue o materializa desde el concepto de los charlatanes ignorantes e imbéciles, a partir de operaciones insensatas. El plomo significa la vulgaridad, la pesadez y la imperfección; y el oro es exactamente lo contrario. Como iniciados, no debemos interesarnos por los bienes perecederos, es decir, los metales que fascinan al mundo profano y que nos apartan del camino correcto.

Partamos de la idea de que es imposible dar la clave de todas las interpretaciones posibles en el simbolismo hermético. Un símbolo puede ser siempre considerado desde infinidad de puntos de vista, y todo pensador, todo ente humano que base su vida en la razón, está autorizado a descubrir un sentido plausible según la lógica de sus propias concepciones.

Nuestros instintos perceptivos nos tienen que permitir alojar ideas que, con toda seguridad, están dormitando en nuestro entendimiento. Después, despertarlas y permitirnos comprender las verdades enterradas en las profundidades de nuestro espíritu. Entendamos y demos por supuesto que los símbolos no se dirigen a cualquiera. Pueden desorientar a los que se aferran tercamente a fórmulas dogmáticas. Es necesario que aparezca la ductilidad y elasticidad del buen proceder iniciático.

Una mirada masónica hacia la alquimia

Un buen principio nos tendría que hacer reflexionar alrededor de una pregunta: ¿Es la alquimia una operación especulativa y una manera y principio espiritual de ver la vida humana? Reflexionemos al respecto. Y consideremos desde buen principio las causas de que los escritos alquímicos a los que se irá accediendo, siempre constan de la debida precaución de un etéreo y duro guardián interior que protege nuestros pensamientos y razonamientos. Porque no olvidemos tres participios: el secreto es necesario de preservar a los que no está dirigido, ya que es necesario y conveniente no tirar perlas a los cerdos; lo que importa es el camino por recorrer, ejercer la búsqueda sincera y la devoción en el trabajo bien hecho. Y como tercer participio, la seguridad del triunfo de la búsqueda consciente del oro iniciático y no del oro metálico, que podrá tener mucho valor mundano, pero no el que necesita un iniciado Maestro Masón.

Consideraciones alquímicas a partir de la Maestría masónica

En este libro, dejaré unas determinadas consideraciones alquímicas y, a partir de ellas, dejo abierto el sendero para que cada uno de vosotros siga en su progresión en esta materia de estudio. Quedando y dando ya por asimilados todos los principios fundamentales adquiridos respecto de la Cámara de Reflexión el día de vuestra iniciación masónica.

Después tendréis que comenzar a trabajar cada uno de vosotros en profundizar las fuerzas vitales que animan el mundo y que están contenidas tanto en determinados metales como en concretos planetas. Así pues, tengamos en cuenta que los alquimistas antiguos trabajaron alrededor de los metales, y muy concretamente en 7: y a estos se les atribuían el nombre de otros siete planetas. A saber: Oro o Sol, Plata o Luna, Mercurio y Plomo, Saturno para Estaño, Júpiter con el Hierro y Marte con el Cobre y Venus con el mismo.

Fijaos que estamos con el número 7, el número de la maestría. Y con él seguiremos. Ya que ahora entramos en otra faceta que dejo a vuestra consideración: Fulcanelli. Este fue, sin duda, el más célebre y misterioso de los alquimistas del siglo XX. En su libro «El misterio de las Catedrales», nos explica y revela que en el Portal de Notre-Dame de París se puede ver en una estatua de la Virgen unas medallas representando a aquellos siete planetas asociados a los siete metales que acabamos de citar. Según él, las claves de la transmutación, es decir, de la operación alquímica, están en esa estatua, disimuladas de tal manera que solamente los iniciados sabrán descubrirlas.

Consideremos más cosas asociadas al número 7. Los maestros alquimistas distinguían generalmente siete etapas para generar positivamente la Gran Obra: Calcinación, Putrefacción, Solución, Destilación, Conjunción, Sublimación y Coagulación.

Veamos de manera telegráfica. La Calcinación necesita descomponer la materia que se quiere transformar con el propósito de analizarla convenientemente. Cuando entramos en la siguiente etapa, que es la Putrefacción, esta nos sustrae a la imagen de la muerte necesaria o renovación de la vida. Aparece la obra en negro -*nigredo*- o prueba de la vida, cuyo símbolo es el cuervo, y ella se inscribe en el cuerpo, en el imaginario. Sin esta necesaria putrefacción no se podría llegar al final de la Gran Obra. Aparece ahora la Solución, que nos impulsa a disolver gracias a la sal filosófica, es decir, procurar llegar a una forma nueva y arribar al color blanco o albedo. E incluso arribar a otra prueba, la del agua, con el inefable simbolismo asociado de la Paloma. Posteriormente llegamos a la Destilación, cuarta etapa que cambia la naturaleza y la propiedad de las cosas por el calentamiento en el Atanor, lo que permite arribar a una integración que marca un nivel en la aproximación al Conocimiento. Después tenemos la quinta etapa, la Conjunción, que hace posible y proporciona la prolongación de un nivel de integración, para interiorizar el mundo en una curiosa imagen hacia el porvenir para un acercamiento al Rojo o Rubedo, donde la prueba del fuego está presente. Posteriormente tenemos la Sublimación, que consiste en una operación que nos permite y enseña a saber manejar asuntos delicados practicando el Arte de la Razón, dejando atrás preocupaciones pasadas para gozar y aprovechar nuevas sensaciones. Por fin llegamos a la Coagulación, séptima y última etapa. En ella se exprime el camino y la vía en la que el hombre se hace cargo, toma consciencia y se compromete cuando él construye la Gran Obra individual. Formación estructural del Compromiso. Se arriba al Solve et Coagula.

Así pues, tengamos presente que la Alquimia tiene en común con la Masonería el desarrollo interior, tendente a la perfección, que los alquimistas consideraban el objeto de sus esfuerzos, ya que la Naturaleza no había completado su trabajo y que, por lo tanto, el adepto tenía que completar. Del mismo modo, la masonería no otorga conocimiento en sí misma, excepto que muestra los símbolos e indica las formas de acceder a ellos. Esto se logra a través de la experiencia de un aprendizaje gradual y jerárquico, en particular mediante la aplicación de ritos ancestrales.

14
UNA PERCEPCIÓN SIMBÓLICA FEMENINA

Un enfoque desde la necesaria igualdad

El presente estudio, al igual que los dos anteriores y toda mi obra bibliográfica, está fundamentado en la perspectiva del concepto básico de la masonería adogmática liberal. Desde el principio, creo que es necesario apuntalar y solidificar, de una vez por todas y sin recurrir a eufemismos hipócritas, los moldes correspondientes a las Obediencias femeninas en su concepción particular de la Leyenda de Hiram, como baluarte primordial del Maestro Masón.

Ya en el primer estudio de la trilogía que concluyo con este trabajo, dediqué un capítulo para abordar la percepción de los Aprendices recién llegados a la Orden, con una introducción sobre la masonería femenina.

Para esta labor, he recurrido a un estudio que considero elemental y necesario para presentar una parte sustancial de la visión femenina de la Leyenda del Tercer Grado: *La Maestra Masona ante el mito de Hiram.*[68] Patricia Planas nos ofrece una pincelada esencial y necesaria para la inclusión directa en este libro de la mujer como Maestra Masona, enfocando el concepto femenino respecto a la leyenda y, muy concretamente, armonizando y complemen-

---

[68] PLANAS RUFINO, Patricia. «La maestra masona ante el mito de Hiram», *Cultura Masónica,* Número 43, octubre 2020.

tando la visión simbólica del nuevo Maestro en el Rito Escocés Antiguo y Aceptado. Aconsejo leer detenidamente el trabajo, de manera particular e individual, ya que en este apartado solo intento ofrecer pistas introductorias y de referencia.

Una visión previa enriquecedora

Ya desde el ritual de primer grado de finales del siglo XIX, la mujer en el seno de la masonería dejó de ser la parte despreciada y con el papel de paria que le tocaba desempeñar en la sociedad. Aún hoy, la sociedad profana presenta tics derivados de conductas anteriores, aunque este tema está casi superado.

La Hermana, mediante la instrucción y el trabajo, pasaba a ser independiente, alejada de las conductas machistas, excluyentes, frívolas y veleidosas del mundo profano.

> La masonería femenina no nace de la imitación de la masonería masculina, sino de la convicción de que, en la búsqueda de la virtud, el esfuerzo y la contribución de los hombres y las mujeres tienen el mismo valor.[69]

Desde estas premisas, se puede decir, como bien indica Planas, que existía un proceso de continuación, naturalidad y complementariedad entre las primeras logias de adopción y las femeninas y mixtas. Todo ello era un arraigo total en la defensa de los derechos y de la igualdad de la mujer en la sociedad de los siglos XVII y XIX en España. A lo largo de los años, las mujeres masonas no vieron ni contemplaron los mitos del Tercer Grado como de carácter masculino y excluyente, sino como masonas operativas trabajando en la construcción del templo y percibiendo el terrible crimen de los tres malvados Compañeros.

---

[69] PLANAS RUFINO, Patricia. «La maestra masona ante el mito de Hiram», pág. 195.

A la mujer se le habían abierto vías y caminos a su integración en la masonería como fruto maduro de una tradición masónica poco conocida. A partir de la Ilustración y del Humanismo, recoge el guante kantiano de atreverse a saber y progresar, tarea enorme inacabada siglo tras siglo.

El rigor de unos antecedentes históricos contrastados

La participación de las mujeres en lo que se considera *masonería operativa* es un tema fascinante y real, fuera de toda duda, además de bibliográficamente contrastado. Partiendo de la base de que estaba principalmente constituida por hombres dedicados a la construcción de edificios significativos como catedrales, monasterios y castillos, está altamente documentada la existencia de cofradías y gremios a los que pertenecían. Merced a los registros existentes, ya en el siglo XIII se tienen las primeras constataciones de la existencia de mujeres entre una gran mayoría masculina.

En los escritos figuran alusiones a que estas cofradías o guildas estaban compuestas de «Hermanos y Hermanas»)[70]. En cuanto a los roles y tareas, las mujeres no solo participaban en trabajos asistenciales, sino también en disciplinas destacadas como la carpintería, impresión y papelería. Había cofradías constituidas exclusivamente por mujeres, como la Cofradía de las Hilanderas y la Corporación inglesa de Carpinteras de Norwich. Todo ello denota cierta independencia laboral, difícil en aquellos tiempos, ya que el número de mujeres en activo contribuía significativamente a la economía familiar y comunitaria.

---

[70] En el Libro de los Oficios de París, las mujeres que trabajaban en la construcción de edificios religiosos suponían cerca del 30% del total.

Existen diversas, pero significativas y concluyentes alusiones al trabajo femenino en al menos tres manuscritos: *Regius, York* y *Huddlestone*. Un manuscrito ritual de 1693 de la Logia de York N.º 236 menciona que, durante la recepción de la logia, tanto hombres como mujeres podían ser iniciados, lo que indica una presencia femenina.

Como colofón a este tema, existen dos casos notorios de mujeres en Norwich y Francia, concretamente en Estrasburgo y París[71]. Así pues, la presencia de las mujeres en la masonería operativa medieval, en algunos casos y momentos históricos, desafía la narrativa tradicional de una sociedad exclusivamente patriarcal y misógina.

La mujer y la relectura de textos bíblicos

Especial énfasis se puede dar al repaso y relectura de ciertos pasajes bíblicos para encontrar nuevas dimensiones entre las figuras femeninas, ocultas hasta entonces. La Biblia y los textos apócrifos se releen y así, se le otorga un papel relevante a la que habría sido la primera mujer, antes que Eva: Lilith, caracterizada por un ilimitado ejercicio de su libertad. Se reinterpreta a Eva como alguien que quiere acceder a la cultura y compartirla, pues no olvidemos que, como destacó Voltaire, la fruta prohibida era del árbol de la ciencia.[72]

---

[71] Una mujer llamada Grunnilda, aparece en los registros de la ciudad de Norwich en 1256, coincidiendo con el levantamiento de la nave central de su catedral gótica. Pertenecía concretamente a la Guilda de Albañiles de Norwich. También en Francia y merced a un historiador del siglo XVII se hace referencia a Sabine de Pierrefonds (Sabine von Steinbach) citada como maestra de obras y escultura, a la que se le atribuyen las estatuas del pórtico de la catedral de Estrasburgo y dos figuras femeninas de la catedral de Notre Dame de París.

[72] PLANAS RUFINO, Patricia. «La maestra masona ante el mito de Hiram», pág. 197.

Se llega a descubrir la figura de una mujer, Débora, entre los propios jueces de Israel:

> Débora fue jueza de Israel sin ninguna limitación en su oficio, lo que hizo que no le temblara la mano cuando declaró la guerra a un enemigo de su pueblo y combatió en la batalla en un lugar relevante.

Posteriormente, se puede decir que no se cita ni se tiene en cuenta la temática de la simbología estrictamente femenina al comenzar a iniciarse las mujeres en logias oficialmente masculinas, mixtas y estrictamente femeninas, como bien subraya Planas.

La masonería femenina después de más de 300 años

Para una exacta composición del nuevo Maestro, es necesario abordar el tema de la masonería femenina y todo lo que le ha costado integrarse plenamente, como un eslabón más de conocimiento. Desde aquella especie de misógina «fatua» de Anderson calificando a la mujer como un ser no libre (contexto de 1717), de la que es necesario conocer, pero no aceptar, han pasado ya muchos años. Y lo cierto es que no han sido pocos, y aún los hay, que se sirven de ese vetusto y discutible lindero andersoniano para continuar rechazando a la mujer en su derecho de ser masona.

Pero la misoginia de Anderson respecto al trato de las mujeres en masonería choca con su mandato fundacional de «unir lo que está disperso», ya que el tema de las mujeres masonas sigue aun estando disperso. Pese a lo mucho ganado, Víctor Guerra da en el clavo cuando nos deja un párrafo para la reflexión:

> Pero a pesar de que la masonería no es dogma sino principios, podemos decir que trescientos años más tarde, en algunas masonerías la cuestión femenina es aún 'piedra de toque' (dogma) y en otras 'piedra de debate' (principios).[73]

Todas estas cuestiones han sido aprovechadas desde diferentes ámbitos de la masonería para seguir observando rechazo a la integración de la mujer en la Orden, con una falsa sutilidad emponzoñada de cinismo, adobada de argumentaciones comprensibles desde tal tozudez, con dislates basados en la natural y «congénita» indiscreción de la mujer, que haría imposible el secreto masónico. O los desórdenes que el sexo femenino podría comportar en las bancadas masculinas, con el riesgo posterior al libertinaje final. Y ya como corolario final incendiario, por los problemas que le pueden ocurrir a un masón en el seno familiar, que no puede explicar lo que hace en sus trabajos masónicos, pero que trabaja masónicamente con señoras en logia.[74]

Deseo terminar este apartado con una idea de integración, desde los parámetros del rigor masónico, pero siempre dentro de las coordenadas del sentido común que nos impone la actualidad irrefutable. Se trata de un párrafo final de una querida Hermana de mi Obediencia, Ascensión Tejerina, que tras muchos años de «oficio» y con una legislatura masónica como Gran Maestre, enfoca el punto final de un estudio importante con este párrafo:

> Si el masculinismo o el feminismo es un último velo que encubre nuestro ser de ser humano, también deberá ofrecer el método iniciático unos elementos de trabajo que nos permitan

---

[73] GUERRA, Víctor. «Masonería y mujer. Composición de lugar». *Cultura Masónica* nº 5, pág. 12.

[74] Víctor Guerra desgrana con total fineza la serie de consideraciones andersonianas al respecto de la mujer en la masonería. Recomiendo encarecidamente la totalidad del artículo.

tomar conciencia de este encubrimiento. Ahora que la mujer ha sido descubierta se ha evidenciado, por contraste, el masculinismo y se ha hecho inaplazable restituir la unidad en los templos masónicos con la presencia de todas las partes que constituyen el microcosmos. Pero en cualquier caso con estas adaptaciones deben nacer de manera natural sin forzamientos, sin que sea el varón quien siga interpretando lo que pueda desear la mujer, ni que sea esta la que intente imponer sus visiones procedentes de esta subcultura que está tratando de modificar.[75]

[75] TEJERINA, Ascensión. *La mujer en la masonería.* Cultura Masónica nº 5, págs. 77-78.

15
LAS LECTURAS Y LOS LIBROS DEL MAESTRO

Es fundamental dejar claro que el nuevo Maestro Masón debe acostumbrarse, desde el principio, a disponer de una buena biblioteca de bibliografía masónica. Sus nuevas responsabilidades, como se ha expuesto en los capítulos anteriores, requieren un apoyo informativo y didáctico sobre las diversas materias iniciáticas y formativas que deben conocer los miembros de la Orden.

Sus nuevas obligaciones, como se ha sustentado durante los capítulos anteriores, requieren el adecuado y didáctico punto de apoyo informativo y de referencia sobre las diferentes materias iniciáticas y formativas que deben tener los miembros de la Orden. La masonería asienta su legitimidad en libros bien referenciados, con un contenido veraz, respaldado por firmas que avalen los escritos referenciales históricos, con elementos dotados de continuidad iniciática. No olvidemos dos ejemplos sustanciales, evidentes y conocidos, pero que quizás nunca se han pensado como ejemplo: Las Constituciones de Anderson y la Biblia, encarnando el Volumen de la Ley Sagrada.

Muchas preguntas afloran respecto a la composición de la biblioteca de un Maestro Masón que atesorará durante toda su vida: ¿Qué tipo de libros se deben escoger? ¿Deben ser todos libros masónicos? ¿Hay algunos libros imprescindibles?

La respuesta a estas preguntas surge rápidamente. La formación del masón debe ser integral. Cuando una persona decide entrar en masonería y, una vez dentro, continúa su progresión, necesita en todo momento puntos de apoyo humanísticos, literarios, simbólicos y diferenciados respecto a todas las disciplinas que giran alrededor de la Latomia. Y si somos conscientes de que la masonería es universal, todo libro que cada masón considere apropiado para su desarrollo iniciático no solo es válido, sino imperiosamente obligatorio de leer y atesorar en su biblioteca.

Pero vayamos, a partir de estos supuestos, con un poco de método. La primera sección de esta biblioteca etérea del masón tiene que encuadrar y configurar una amplia batería de textos considerados divulgadores, pero procedentes de los antiguos textos, los Landmarks masónicos más importantes, que no dejan de ser los clásicos de la masonería.[76]

Sin el ánimo de enumerarlos todos aquí, comencemos por Inglaterra. Tenemos como ejemplos: *El examen de un masón* (1723), *La institución de los francmasones* (1725), *La masonería diseccionada* (1730), y así sucesivamente. Pero esto no quiere decir que el nuevo Maestro deba ya, al instante, hacerse con todos estos libros que yo denomino clásicos. Estos escritos deben ir entrando sucesivamente en su biblioteca sin prisas ni precipitación, pero sin pausas. Porque el elemento preliminar es su lectura y comprensión.

Desde luego, estamos de suerte en la bibliografía masónica española, ya que hay un libro que considero esencial para entrar en la biblioteca: *Textos fundamentales de la masonería*. Este singular e importante libro, en 400 páginas sublimes, abarca un re-

[76] MÉNDEZ TRELLES DÍAZ, Ignacio. *Textos fundamentales de la masonería*. Ed. MASONICA, 2008.

sumen imprescindible de textos clásicos de lectura obligada para cualquier masón. Es un amplio ventanal literario de los documentos históricos que nos sirven para articular y comprender la masonería, referenciados desde hace muchísimos años como los *Old Charges* o Antiguos Deberes.

También otra singularidad la tenemos en el libro *Efemérides masónicas*[77], que contiene una serie ordenada de fechas interesantes para la masonería y los masones, permitiendo revivir cualquier momento de la historia de la masonería a través de sus protagonistas y las circunstancias en que se vieron envueltos.

Pero no se trata ahora de ir enumerando libro por libro interesante para la formación y preparación de nuestro nuevo Maestro; porque él ya tiene sus gustos preferenciales de lectura, su biblioteca, sus afinidades literarias. Se trata de enmarcar de una manera rápida pero enormemente explícita los libros a situar, leer y colocar en las otras secciones de esta librería ideal para el masón. Continuemos, pues.

Otra de las secciones importantes es la de los libros escritos por algunos religiosos que sustantivaron sus textos y condicionaron el momento histórico en que fueron escritos y deben ser tenidos muy en cuenta. Son las obras del abad Terrasson, el abad Pérau y el abad Larudan. Pero tampoco podemos olvidar al ínclito abad Barruel, antimasón referenciado, pero necesario de conocimiento puntual. No puede faltar tampoco Leo Taxil en las estanterías, por ser un referente antimasónico importante, de obligada lectura.

Irène Mainguy destaca también otra sección importante que no puede dejar de ser no solo referenciada sino figurar en lugar prominente en las bibliotecas masónicas. Se trata de los denominados *Tuileurs* (Retejadores), que son textos importantes y

[77] LÓPEZ RICO, Mario. *Efemérides masónicas*. Ed. MASONICA, 2016.

necesarios para la comprensión global y concreta de la masonería y sus rituales. Son una especie de memorándums que referencian una recapitulación global de prácticas de retejo y medios de conocimiento para adecuarse a las prácticas de logia en los diferentes grados de los ritos en general.

De entre todos los propuestos, es necesario hacer incidencia en De l´Aulnaye (1812), Vuillaume (1820), Bazot (1836), Ragon (1861) y Teissier (1883). Este tipo de compendios, necesarios y convenientes por su practicidad demostrada a lo largo de los años, en ningún momento representan ningún peligro por caer en manos profanas, ya que bien sabemos que para leer y comprender, hay que estar iniciado y estar en las estructuras de calidad y grados necesarios. A estos autores, la masonería debe muchas de sus necesarias rutinas actuales, empleando el término rutina no en sentido desconsiderado, sino práctico de los usos masónicos.

A continuación, vienen otros libros que están a disposición del lector, considerados clásicos de carácter histórico como: *Manual de Masonería* de Andrés Cassard, *Moral y dogma* de Albert Pike (los tres primeros grados simbólicos) y, en la actualidad, los tres manuales de instrucción general de la masonería escritos por mí mismo, en el capítulo de libros en forma de manual. Referenciando todos estos últimos respecto a publicaciones en idioma español. Sin embargo, los tres libros de Oswald Wirth sobre el mismo tema, aunque en un contexto de una antigüedad de 200 años, nunca se pueden olvidar, sino que deben obtenerse y leerse con especial interés.

Así pues, es imposible citar todos los libros publicados sobre la formación masónica y de necesaria lectura, pero evidentemente depende de la consideración intelectual que el Maestro Masón tenga respecto a ir ampliando siempre su biblioteca.

Una breve selección para enriquecer nuestras estanterías

En el libro anterior dedicado a los Compañeros, sugerí una lista de libros de refuerzo cultural desde una amplia perspectiva de temas, para proporcionar un colchón de conocimiento global literario a los Hermanos de segundo grado. Expresaba ya la idea de que muchos de ellos probablemente conocían varias de las propuestas literarias expuestas en ese capítulo, al que denominé «La formación humanística del Compañero». Sin embargo, me sorprendió gratamente recibir numerosas llamadas y correos electrónicos de muchos Maestros con una larga trayectoria masónica que no solo destacaban la inclusión de ese capítulo, sino que agradecían la selección ofrecida. Es por ello que he decidido incluirla también en este volumen, con la sugerencia de que los lectores pueden ampliar el abanico de autores siguiendo las pautas indicadas. De todas maneras, considero interesante la vigencia actual de estas indicaciones de contenido filosófico y literario para sustentar el edificio humanístico del nuevo Maestro. La visión panorámica intenta abarcar un vasto campo de acción que puede ayudar a consolidar los cimientos de los recién llegados al tercer grado.

Comencemos por los griegos: Homero, Esquilo, Sófocles y Aristófanes. Sin profundizar demasiado, es importante conocer quiénes fueron y qué obras escribieron. Comencemos por la *Ilíada* y la *Odisea*. Plutarco y Platón son también esenciales. Homero, el padre de la poesía épica griega, nos ayuda a comprender mejor el simbolismo. Sus obras más conocidas, la *Ilíada* y la *Odisea*, narran las aventuras de héroes griegos en la Guerra de Troya y el regreso de Odiseo a Ítaca, respectivamente. Estas obras contienen muchos símbolos y alegorías que pueden ser interpretados de forma esotérica. Por ejemplo, la Guerra de

Troya puede ser vista como una metáfora de la lucha entre el bien y el mal, mientras que el viaje de Odiseo puede ser visto como una alegoría del camino iniciático hacia la sabiduría.

Esquilo es considerado uno de los tres grandes tragediógrafos griegos, junto con Sófocles y Eurípides. Sus obras más famosas, *Los Persas, Prometeo encadenado* y la trilogía de la *Orestíada,* contienen muchos temas y símbolos que pueden ser interpretados esotéricamente. Por ejemplo, *Prometeo encadenado* puede ser visto como una alegoría de la lucha entre el conocimiento y el poder, mientras que la *Orestíada* puede ser vista como una enseñanza de la justicia divina y la redención.

Sófocles, con *Edipo Rey,* Antígona y Electra, ofrece obras donde *Edipo Rey* puede ser visto como una alegoría del conocimiento de uno mismo y la responsabilidad que viene con ese conocimiento, mientras que *Antígona* puede ser vista como la lucha entre la ley divina y la humana. Estos motivos son interesantes y necesarios para la formación del nuevo Maestro.

Aristófanes, con *Las Aves, Las Nubes* y *Lisístrata,* nos presenta *Las Nubes* como una alegoría de la lucha entre la sabiduría filosófica y la sofistería, mientras que *Lisístrata* ofrece una visión particular de la lucha entre los sexos. La lectura y la interpretación de las obras de Homero, Esquilo, Sófocles y Aristófanes pueden ser parte de este proceso de transformación, permitiendo reflexionar sobre temas universales y descubrir significados más profundos en los símbolos y alegorías contenidos en estas obras.

Tomemos ahora a Epicteto, Marco Aurelio y Séneca. ¿Y por qué no incluir también a Virgilio, Horacio y Lucrecio? Sin olvidar a Homero y Tácito. Epicteto, en el *Enchiridion,* nos ofrece una guía práctica para la vida cotidiana basada en la filosofía estoica, que destaca la importancia de la autodisciplina, la humildad y la aceptación de lo que no se puede controlar, temas muy apropiados al llegar al tercer grado. Esta filosofía puede ayudar en la búsqueda de la perfección moral y la conexión con la divinidad.

Marco Aurelio, en sus *Meditaciones*, nos ofrece una recopilación de pensamientos y reflexiones personales sobre la filosofía estoica y la vida cotidiana, destacando la importancia de la autodisciplina, un principio a trabajar para después poder servir a los docentes que se tendrán a cargo.

Séneca, en *Cartas a Lucilio*, nos brinda sabios escritos aderezados con consejos prácticos sobre cómo vivir una vida virtuosa y sabia, destacando la importancia de la autodisciplina, la humildad y la aceptación de lo que no se puede controlar.

Virgilio, con *La Eneida*, relata una epopeya con la historia de la fundación de Roma. Esta obra contiene una gran cantidad de simbolismo, como la conexión de Roma con la divinidad y la importancia de la justicia y la virtud. Por su parte, Horacio, en sus *Odas*, ofrece una colección de poemas que celebran la vida y la naturaleza, destacando la importancia de la virtud y la moderación. Lucrecio, a través de *De rerum natura*, explica la filosofía epicúrea, destacando la importancia de la autodisciplina y la moderación en la búsqueda del bienestar y la felicidad. Tácito, en sus *Anales*, cronifica y explica una nueva visión de la historia de Roma desde la muerte de Augusto hasta la llegada de Nerva al trono.

Y tanto si sois creyentes o no, la historia y la tradición de la Biblia (Antiguo y Nuevo Testamento) son armas de sabiduría del Maestro. Es sustancial, necesaria y oportuna la concepción de conocer la Biblia desde diferentes perspectivas. Desde un punto de vista literario, es fundamental para apreciar y saborear las simbologías utilizadas en los rituales y trabajos masónicos, donde la Biblia aflora gradualmente de manera paralela a la progresión masónica. Fuente de inspiración y referencia para los masones durante siglos, muchos de sus pasajes se han convertido en parte integral de la liturgia y la idea masónica. En segundo lugar, conocer la historia y la tradición de la Biblia es esencial para entender la evolución de la humanidad y su relación con lo divino. La Biblia ha sido objeto de interpretaciones y reinterpretaciones a lo largo de los siglos, influyendo en la cultura, la política y la filosofía de Occidente. En tercer lugar, el esoterismo es una de las dimensiones más fascinantes de la Biblia. La comprensión del esoterismo bíblico es esencial para aquellos que buscan una penetración y agudeza más profunda del mundo y de sí mismos. La Biblia nos brinda un marco de referencia para reflexionar sobre nuestro lugar en el mundo y nuestra relación con lo divino, siendo una fuente de inspiración y guía moral. Los valores que se promueven en la Biblia, como la justicia, la bondad, la tolerancia y la caridad, son fundamentales para la ética masónica. La lectura de la Biblia desde un punto de vista crítico e histórico nos permite comprender mejor el contexto en el que fue escrita y las diferentes interpretaciones que ha tenido a lo largo de la historia. Como fuente de conocimiento y sabiduría, ha inspirado a grandes pensadores y filósofos a lo largo de la historia. Su comprensión es esencial para aquellos que buscan una incursión más profunda en la cultura occidental y en la historia de las ideas. Desde un punto de vista de la tradición, la Biblia es un libro considerado por muchos como sagrado a lo largo de los siglos, pero que también ofrece nuevas perspectivas desde el pensamiento laico.

Continuando con una visión literaria y filosófica por Francia, es preciso conocer a Montaigne, el teatro de Corneille y Molière, y las fábulas de La Fontaine. El *Espíritu de las Leyes* de Montesquieu no puede pasar desapercibido. Publicada en 1748, es una de las obras más influyentes de la Ilustración francesa y una de las más importantes de la teoría política moderna. En ella, se propone la separación de poderes, en la que los poderes ejecutivo, legislativo y judicial deben estar separados para evitar el abuso de poder. Rousseau, Voltaire y Diderot también son fundamentales, ya que sus contenidos son esenciales en el pensamiento espiritual de la masonería y de los masones.

Rousseau destaca por su defensa de la libertad individual y la importancia de la educación en la formación del individuo, argumentando que el hombre es naturalmente bueno, pero que la sociedad lo corrompe. Defiende la idea de un contrato social entre los individuos y el Estado, en el que se establecen los derechos y deberes de cada uno. Voltaire se caracteriza por su lucha contra la intolerancia y la injusticia, defendiendo la libertad de pensamiento y la tolerancia religiosa, y criticando la opresión y la corrupción de las instituciones políticas y religiosas de su tiempo. Además, es un defensor de la razón y la ciencia, y de la importancia del progreso y la educación en el desarrollo humano. Diderot, por su parte, destaca por su defensa del conocimiento y la razón como herramientas para la liberación del individuo, criticando la ignorancia y la superstición como obstáculos para el progreso humano. Como defensor de la igualdad y la justicia, su crítica a la opresión y la explotación de las clases más pobres es de suma importancia en la concepción de la estructura elemental masónica que debe formalizar el Compañero masón. La masonería busca promover el desarrollo personal y moral de sus miembros, y la obra de estos filósofos puede ser una herramienta útil para reflexionar sobre temas importantes como la libertad, la justicia y la igualdad.

Chateaubriand, Balzac y Víctor Hugo son grandes escritores que dejaron una importante huella en la literatura francesa y europea en general. Chateaubriand es conocido por ser uno de los precursores del romanticismo francés, con su obra más importante, *Las memorias de ultratumba.* Balzac es conocido por su extensa obra literaria que retrata la sociedad francesa del siglo XIX en toda su complejidad, con su serie de novelas y cuentos *Comedias humanas.* Víctor Hugo, con su obra maestra *Los Miserables,* ofrece una crítica a la sociedad y una reflexión sobre la justicia y la moralidad.

En la literatura española, Cervantes y su *Quijote* han dejado una huella indeleble. A través de una simple pero inigualable historia de su tiempo, Cervantes satiriza la sociedad y la cultura de la época y reflexiona sobre la naturaleza de la realidad y la locura. *El Quijote* es una obra esencialmente interesante en el aspecto iniciático, abordando temas como la identidad, la locura, el amor, la justicia y la libertad, que son relevantes en la formación del ser humano y en la búsqueda de la verdad, valores fundamentales en la masonería. La obra tiene una dimensión iniciática, ya que Don Quijote es un personaje en constante transformación y evolución, que a lo largo de su vida va sugiriendo sabiduría y conocimiento a través de sus experiencias y aprendizajes. Este proceso de iniciación y transformación es fundamental en la masonería.

Federico García Lorca, a través de su poesía, explora temas universales como el amor, la muerte, la identidad y la justicia social. El *Romancero gitano* combina la lírica y la emotividad, la tradición popular y la identidad. La obra de Lorca es de gran interés para el masón debido a su enfoque en temas sociales y su compromiso con la justicia y la igualdad, explorando la naturaleza de la opresión y la discriminación.

Antonio Machado es conocido por su estilo reflexivo y su compromiso social. Su obra poética es una reflexión sobre la condición humana, la naturaleza, la vida y la muerte, y la búsqueda de la verdad y la belleza.

Francisco de Quevedo, máximo exponente del barroco español, es uno de los grandes autores del Siglo de Oro español, conocido por su obra literaria y su aporte al pensamiento crítico de la época. En su poesía, Quevedo aborda temas como el amor, la religión, la política y la moral, con poemas intensos, emotivos y cargados de simbolismo.

Camilo José Cela fue un escritor español cuya obra se caracteriza por reflejar de manera cruda y realista la sociedad española de la posguerra y la vida rural de Galicia. Cela abordó temas como la pobreza, la violencia, la religión y la muerte con un estilo literario propio y original.

José Ortega y Gasset, como filósofo, ensayista y escritor español, tuvo un gran impacto en la cultura y el pensamiento del siglo XX. Su obra más destacada, *La rebelión de las masas*, analiza la situación de la sociedad contemporánea y la influencia de las masas en la política y la cultura. Ortega y Gasset sostiene que la sociedad moderna está en crisis debido a la pérdida de los valores y las tradiciones que sustentaban la cultura occidental. Su teoría de la razón vital, que defiende que la vida es el fundamento de la razón y no al revés, es fundamental para comprender su pensamiento.

Miguel de Unamuno se caracteriza por su afán de buscar la verdad a través de la razón y la fe, y su lucha constante contra las ideas dogmáticas y los sistemas cerrados de pensamiento. La obra de Unamuno es de gran importancia para los masones, ya que aborda temas como la búsqueda de la verdad, la libertad de pensamiento, la lucha contra el dogmatismo y la necesidad de encontrar sentido y significado en la vida.

En la literatura inglesa, Shakespeare con sus obras maestras *Romeo y Julieta, Hamlet, Macbeth* y *Otelo* ofrece un retrato de la complejidad de la naturaleza humana a través de personajes llenos de pasión, ambición, amor y tragedia. Sus obras se caracterizan por su complejidad temática, sus personajes bien desarrollados y su habilidad para explorar los aspectos más profundos de la condición humana.

Jane Austen, con sus clásicos *Orgullo y prejuicio* y *Sentido y sensibilidad,* era una observadora aguda de las personas y sus motivaciones. Sus personajes son a menudo complejos y multidimensionales, con fortalezas y debilidades que los hacen sentir reales y creíbles. Austen aborda temas de igualdad y justicia social en sus obras, lo que puede ser de particular interés para los masones.

Charles Dickens, enmarcado en el movimiento literario del Realismo y el costumbrismo, buscaba retratar la realidad social de la época. Dickens también fue un defensor de la educación, especialmente para los más pobres y desfavorecidos, lo que refleja su compromiso con los valores humanitarios y la ayuda a los demás. Su obra maestra, *Cuento de Navidad,* es un buen ejemplo de cómo la literatura puede transmitir valores como el amor, la compasión y la generosidad.

Virginia Woolf fue una escritora británica que vivió en la época de entreguerras. Su obra se caracteriza por su estilo experimental, su compromiso con la igualdad de género y su exploración de la psicología humana. En sus novelas, como *La señora Dalloway* y *Al faro,* exploró temas como la identidad, la soledad, la alienación y la depresión, con un estilo narrativo caracterizado por su fluidez y su técnica del monólogo interior.

George Orwell, seudónimo de Eric Arthur Blair, fue un escritor y periodista británico del siglo XX, reconocido por su compromiso social y político en defensa de la libertad, la democracia y la justicia social. Su obra literaria, entre la que destacan novelas como *1984* y *Rebelión en la granja*, así como sus ensayos y artículos periodísticos, reflejan su visión crítica de la sociedad y la política, y su lucha por la defensa de los derechos humanos y la libertad de expresión. Su literatura es considerada una crítica de las sociedades totalitarias y autoritarias, y de la falta de libertad y derechos humanos en ellas.

Stephen Hawking, físico teórico y cosmólogo británico, reconocido por sus aportes en la comprensión del universo y la física cuántica. Su obra literaria, especialmente su libro *Breve historia del tiempo*, ha sido un gran éxito de ventas y ha contribuido a popularizar conceptos complejos de la física teórica entre el público general. La obra de Hawking también se enfoca en la búsqueda de respuestas a preguntas fundamentales de la existencia humana, como el origen del universo y la vida. Sus reflexiones y pensamientos son valiosos para los masones en su propio desarrollo personal y espiritual, y en la comprensión de las complejidades y misterios del universo y de la vida misma.

Un recorrido por Alemania nos lleva a Goethe y su *Fausto*, relatándonos temas como la ambición, el conocimiento y la naturaleza humana. Johann Wolfgang von Goethe nos brinda su obra literaria, científica y filosófica, vasta y articulada en sentimientos profundos que ha sido de una gran influencia en la cultura occidental. Además, defendió la idea de que el conocimiento es la clave para la liberación humana, ya que permite al hombre comprender su lugar en el mundo y encontrar su camino en la vida. Goethe fue masón y su obra literaria está impregnada de simbolismo y referencias masónicas. Para él, la masonería era una forma de buscar la verdad y la sabiduría, y de trabajar por la mejora de la humanidad.

Friedrich Nietzsche, con su pensamiento crítico abordando temas como la moralidad, la religión y la existencia humana, es ampliamente reconocido por su crítica a la moral tradicional y su propuesta de una nueva forma de pensar sobre la existencia humana. Nietzsche es conocido por su famoso concepto del «superhombre» o «Übermensch», una figura idealizada que se eleva por encima de las convenciones sociales y religiosas para alcanzar una vida plena y auténtica. En su obra, Nietzsche aborda temas como la voluntad de poder, la naturaleza humana, la muerte de Dios, la verdad y la moralidad.

Immanuel Kant, en su obra *Crítica de la razón pura*, nos cuestiona los límites del conocimiento humano y la naturaleza de la razón. Para Kant, la ética se basaba en la razón y en el deber moral. La idea principal de su ética es que debemos actuar siempre de acuerdo con el deber y no por un interés personal. Su obra *Fundamentación de la metafísica de las costumbres* es un tratado sobre la moralidad y la ética.

Martín Lutero, teólogo y reformador religioso, consideraba la Biblia como la única fuente de verdad por encima de las obras y ritos de la Iglesia Católica. Conozcamos su idea sobre la salvación del hombre, la separación de la Iglesia y el Estado, y su compromiso con la educación y el bienestar espiritual de las personas. Lutero es conocido principalmente por su papel en la Reforma Protestante y por su obra *Las 95 tesis*, en la que criticó la venta de indulgencias por parte de la Iglesia católica y defendió la idea de que la salvación se obtiene por la fe en Jesucristo y no por las obras.

Desde Italia, demos una mirada a la pintura, escultura y arquitectura con Leonardo Da Vinci, considerado uno de los mayores genios de la historia. Su obra, tanto artística como científica, es un reflejo de su curiosidad y capacidad para observar y analizar el mundo que le rodeaba. Como masón, Leonardo da Vinci buscaba la verdad y la sabiduría a través del conocimiento y la contemplación. En su obra se pueden apreciar diversos símbolos y referencias al pensamiento iniciático, como la geometría, la alquimia y la filosofía hermética.

Tomás de Aquino fue uno de los filósofos y teólogos más importantes de la Edad Media, cuya obra y pensamiento han dejado una huella profunda en la historia del pensamiento occidental y cristiano. Su obra más importante, la *Summa Theologica*, es considerada como uno de los pilares de la escolástica medieval, y aborda una gran variedad de temas teológicos, filosóficos y morales. Aquino reflexiona sobre la relación entre la razón y la fe, y cómo ambas pueden coexistir armoniosamente.

Niccolò Machiavelli, en su obra *El Príncipe*, ofrece una reflexión sobre el poder político y el liderazgo en una sociedad dividida por las intrigas y la corrupción. Machiavelli defiende la idea de que el fin justifica los medios, argumentando que un príncipe debe ser capaz de utilizar cualquier medio necesario para mantener su poder y proteger su estado. La obra de Maquiavelo es fundamental para la teoría política moderna y puede ser útil para reflexionar sobre conceptos de justicia, ciudadanía y libertad, fundamentales para la masonería.

Giacomo Leopardi, poeta, ensayista y filósofo destacado del Romanticismo italiano, ofrece una profunda reflexión sobre la naturaleza humana, la existencia y la condición del ser humano en el mundo. Su obra literaria y filosófica se caracteriza por su profunda reflexión sobre el sentido de la existencia humana y su lugar en el mundo, así como por su crítica a la sociedad de su época y a los valores convencionales.

Finalmente, paremos la atención en Jorge Luis Borges, cuya pluma trascendental ha dejado una huella imborrable en el panorama literario. Borges nos muestra su preocupación por la situación sociopolítica de su Argentina natal y nos transporta a dimensiones desconocidas, donde el tiempo y el espacio se desvanecen. A través de sus laberintos literarios, nos sumerge en una realidad ilusoria, poblada de símbolos y alegorías. Su obra se convierte en un viaje iniciático, donde el lector es desafiado a descubrir su propia sabiduría y a trascender las limitaciones impuestas por el mundo material. Nos recuerda que, a pesar de nuestras limitaciones y desatinos, todos compartimos una humanidad común que nos une en un tejido invisible pero poderoso. Borges nos enseña a leer con ojos críticos y a apreciar la grandeza de otros Maestros de la palabra.

No me alargo más al respecto, pero el conocimiento estructural de los autores citados y mencionados no deja de ser una dinámica biblioteca que continuar rellenando, presentada por mí, para el uso del nuevo Maestro que ya sabe que su trabajo iniciático de enseñanza debe sustentarse con el conocimiento sustentador de su trabajo docente.

Recordad también, que André Maurois nos decía:

> Todo ha cambiado para el hombre una primera vez que entra en contacto con el razonamiento matemático, y una segunda vez cuando ha llegado a comprender que el razonamiento debe tener siempre en cuenta los hechos.[78]

[78] MAUROIS, André. *Lettre ouverte à un jeune homme*. Ed. Albin Michel. París. 1966.

ANEXO

CATECISMO Y MEMENTO DEL MAESTRO

Consideraciones previas

Como en los dos grados anteriores, el ritual y su entorno contemplan el memento y el denominado catecismo de repaso e interiorización. Es necesario tener en cuenta que, en algunos rituales y determinadas circunstancias, el prólogo de estos tiene una sustancial importancia bibliográfica, interpretativa y documental.[79]

A mi entender, después de haber tenido la ocasión de ser escogido para desempeñar el oficio de Venerable Maestro en dos ocasiones, el memento y catecismo del tercer grado deben ser practicados en cada curso masónico como mínimo en dos tenidas.

No es cuestión baladí o de capricho, sino que reviste una importancia capital. Primero, porque por imperativos propios de fechas, las tenidas en tercer grado no abundan y, si se hiciera un sondeo general, comprobaríamos esta terca realidad. Por lo tanto, lo adecuado sería que, cuando se trabajara el tercer grado, y teniendo en cuenta que la reunión es solo de Maestros, en función de su superior responsabilidad masónica, se repasaran bien estos conceptos en las tenidas.

La lectura de preguntas y respuestas por parte del primer y segundo vigilante sería una buena y didáctica medida. Pero, después, la continuación adecuada podría ser la lectura prepa-

[79] A lo largo de la redacción de los libros que he publicado, he encontrado que la búsqueda de rituales proporciona al historiador y masonólogo una rica fuente de información sobre usos y costumbres. En ciertas ocasiones, los datos que se buscan solo pueden hallarse en los prólogos de estos rituales, los cuales ofrecen información interesante e ilustrativa.

rada por parte de algún componente de la cámara del medio de una plancha de arquitectura al respecto, concerniente a la instrucción de grado, que diera pie a la intervención de todo el cuadro de Maestros.

Otra de las soluciones prácticas podría ser intentar, durante el curso, dedicar una o dos jornadas (por ejemplo, aprovechando los fines de semana) a abrir los trabajos en tercer grado por la mañana y, después de un ágape, celebrar la tenida normal de primer grado por la tarde.

Doctrina de Tercer Grado

Esta instrucción se dará en Cámara del Medio, el Pr.·. Vig.·. hará las preguntas y el Seg.·. Vig.·. dará las respuestas.

P. ¿Sois Francmasón?

R. Por tal me reconocen mis Hermanos.

P. ¿Cuáles son vuestros conocimientos en Francmasonería?

R. He visto la B.·. y la J.·. y después he sido instruido como Maestro Francmasón.

P. ¿Sois, pues Maestro Francmasón?

R. La Acacia me es conocida.

P. ¿Cómo habéis llegado a ser Maestro Francmasón?

R. Pasando de la Escuadra al Compás.

P. ¿Dónde trabajáis?

R. En un Taller que se llama Cámara del Medio.

P. ¿Qué se hace en la Cámara del Medio?

R. Se trazan los planos que deben seguir los Aprendices y Compañeros.

P. ¿Cómo llegasteis a la Cámara del Medio?

R. Subiendo una escalera de caracol, que tiene tres, cinco y siete peldaños, separados por dos rellanos.

P. ¿Qué significa el número de peldaños que subisteis?

R. Simbolizan la Instrucción que he recibido en cada Grado.

P. ¿Qué os enseña el Primer Grado?

R. A desbastar la Piedra Bruta y verificar la existencia de leyes que rigen el Cosmos, es decir la Obra del G.·.A.·.D.·.U.·., simbolizado por el Delta luminoso.

P. ¿Qué habéis aprendido en el Segundo Grado?

R. Se me dio posesión de los medios y de los objetos del Conocimiento. He sido dirigido hacia el estudio de las Artes y de las Ciencias. Aprendí a glorificar el trabajo y a servirme de las Herramientas Simbólicas para erigir, con la ayuda de mis Hermanos, el Templo a la Gloria del G.·.A.·.D.·.U.·. Y para terminar, vi la Estrella Flamígera.

P. ¿Qué encontrasteis cuando fuisteis recibido en el Tercer Grado?

R. Duelo, tristeza y desesperación.

P. ¿Qué notasteis en la Cámara del Medio?

R. La cortina que separa el DEBIR del EHAL.

P. ¿Qué representa esa cortina?

R. Figura el Velo Cósmico que disimula el «Trono» («Mercaba») y el Delta luminoso, que simboliza el G.·.A.·.D.·.U.·. Representa también lo que nos separa de los Maestros Desconocidos que han pasado al Oriente Eterno que continúan dirigiendo nuestros Trabajos gracias a la Tradición fielmente seguida.

P. ¿Qué más habéis aprendido en la Cámara del Medio?

R. La Tumba de nuestro Maestro Hiram iluminada por una débil luz.

P. ¿Cuáles eran sus dimensiones?

R. Tres pies de ancho, cinco de profundidad y siete de longitud.

P. ¿Quién era el R.·. Maestro Hiram?

R. Un hombre célebre en el Arte de la Arquitectura y en el fundir y trabajar los Metales, al que Salomón confió la dirección de los obreros encargados de edificar el Templo a la Gloria del G.·.A.·.D.·.U.·.

P. ¿Cuál fue su final?

R. Nuestro R.·.M.·. Hiram cayó, bajo los golpes de tres malvados Compañeros que querían obtener por la violencia las prerrogativas que sólo pueden ser concedidas al mérito.

P. ¿Cómo fuisteis informado del funesto suceso?

R. Por la tradición de nuestros predecesores.

P. ¿Es este relato alegórico?

R. Lo supongo, pues los textos bíblicos que nos hablan de Hiram no aluden a su final.

P. ¿Cuál puede ser su significado?

R. Considerado como Rito Solar, el drama de Hiram puede referirse a la marcha aparente del Sol; los tres asesinos serían los tres últimos meses del año, durante los cuales el Sol desciende a los signos inferiores y parece huir para siempre de nuestro hemisferio. Sin embargo, después del Solsticio de Invierno, lo vemos volverse a levantar y pronto reaparece en todo su Instrucción esplendor. De igual manera vemos a nuestro R.·.M.·. Hiram salir de su tumba y volver a la vida.

P. ¿No pensáis que el fin de Hiram puede ser interpretado como una advertencia dirigida a los Maestros Masones?

R. En efecto, el hecho de que los tres malvados Compañeros sean representados por los tres principales Oficiales de la Logia nos lleva a pensar en su insuficiencia en el ejercicio de sus funciones, lo que causaría la ruina del taller y debilitaría a la Orden Masónica entera.

El Seg.·. Vig.·. portador de la Plomada, que debería estar particularmente instruido en el Simbolismo y la tradición de la Francmasonería, se encuentra a veces en un estado de completa IGNORANCIA.

El Pr.·. Vig.·. portador del Nivel, que debería ejercer un sabio control sobre los Trabajos, puede hacerles sufrir una asfixiante opresión, a causa de su FANATISMO.

El M.·.R.·.M.·., que debería dirigir los Trabajos, con una abnegación total, alguna vez puede estar preocupado por personalismos, derivados de su AMBICIÓN. Su Mallete, símbolo de su autoridad fraternal, se convierte entonces en el Instrumento con el cual es abatido Hiram. La Tumba de Hiram encierra todas las Tradiciones perdidas, pero Hiram resucitará.

A pesar de todo, la Iniciación será preservada y su perennidad está simbolizada por la RAMA DE ACACIA que reverdece encima de la Tumba.

P. ¿No se puede atribuir al mito de Hiram un significado más general?

R. Ciertamente. Puede sugerir que los que laboran por el progreso de la Humanidad tienen adversarios y deben resistir sus amenazas. Enseña a los Masones que edifican el Templo de la Fraternidad humana que su trabajo conlleva una continua lucha contra la IGNORANCIA, el FANATISMO y la AMBICIÓN que representan a los tres malos Compañeros. Hiram aparece entonces como el Hombre del deber, presto a sacrificarlo todo, hasta su vida; el Pensador, amordazado por los mantenedores de las rutinas y los mantenedores del falso orden establecido; el justo que sufre y muere por una buena causa, el Libertador, que sucumbe para liberar a la Humanidad y que vuelve siempre a proseguir el combate.

P. ¿Cómo se opera la resurrección de Hiram en nuestros Misterios?

R. Por la cooperación de tres Maestros sabios y fieles.

P. Decidme cómo lo hacen.

R. El M.·.R.·.M.·. y los dos VVig.·. se acercan al cadáver para levantarlo y retirarlo de la Tumba. El Seg.·. Vig.·., tomándole por la mano derecha con el Toque de Aprendiz nota que se le escapa porque «la carne se separa de los huesos». El Pr.·. Vig.·. tomándole la mano con el Toque de Compañero no lo consigue tampoco porque «la carne abandona los huesos». Pero reuniendo los tres sus esfuerzos, consiguen ponerlo en pie, por los «Cinco

Puntos Perfectos de la Maestría» y saludan con alegría su retorno a la vida.

P. ¿Con qué designio pensáis que ha sido instituido el Grado de Maestro?

R. Para combatir los prejuicios que se oponen al desarrollo de los conocimientos humanos, para romper el yugo de la IGNORANCIA, del FANATISMO y de la AMBICIÓN desordenada y para establecer el reino de la Libertad, la Igualdad y la Fraternidad.

P. ¿No se proponen lo mismo los dos primeros grados de la Francmasonería?

R. Sí, sin duda, pero están más especialmente destinados a instruir y a preparar al Iniciado, para ponerlo en condiciones de poder cumplir, después, este importante designio.

P. ¿Cómo viajan los Maestros Masones?

R. De Oriente a Occidente y de Occidente a Oriente y por toda la Tierra.

P. ¿Para qué?

R. Para buscar lo que se ha perdido, reunir lo que se ha disgregado y esparcir la Luz por todas partes.

P. ¿Qué es lo que se ha perdido?

R. Los verdaderos Secretos de los Maestros Masones.

P. ¿Cómo se perdieron?

R. Por los «Tres Grandes Golpes» que causaron el trágico fin de nuestro R.·.M.·. Hiram.

P. ¿Cómo fuisteis recibido Maestro Francmasón?

R. Por los «Cinco Puntos Perfectos de la Maestría» y por la «Palabra Sagrada Sustitutiva» que me comunicó el M.·.R.·.M.·.

P. ¿Qué puede significar esa Palabra?

R. Son diversos los significados que habitualmente le son atribuidos. Si se interpreta según el hebreo, como las otras palabras de nuestros Rituales, «M.·.B.·.» tiene el sentido de «Colocador de

Piedras Pulidas» y por extensión, de «Constructor y Ordenador». La Palabra «M.·.B.·.» significa «Jefe de Constructores» o «Arquitecto». Se puede deducir que las dos versiones tienden a un mismo significado.

P. ¿Cuáles son los otros medios para reconocer a un Maestro?

R. El Toque, la Palabra de Paso, el Signo de Orden, el Signo Penal, el Signo de Horror y el Signo de Socorro.

P. Dadme la Palabra de Paso.

R. «T . . . . . . ».

P. ¿Qué significa esa Palabra?

R. Es el nombre del Artesano mítico que, por primera vez, trabajó los metales. Sugiere la «posesión del mundo».

P. ¿Qué pueden significar los pasos de la Marcha del Maestro?

R. Mientras que los Pasos del Aprendiz y del Compañero se hacen a ras de suelo, los del Maestro, al hacerlo por encima del cuerpo de Hiram, describen una curva, la misma que se traza con un Compás; es pues el Paso de la Escuadra al Compás, del dominio de lo tangible al de las ideas. En fin, el Paso del Maestro por encima de la Tumba hace alusión a los mayores Misterios sobre los que conviene meditar en silencio.

P. ¿Qué edad tenéis?

R. Siete años y más.

P. ¿Qué quiere decir esto?

R. El número 7 significa el Conocimiento, «y más» indica que ese Conocimiento debe crecer indefinidamente.

P. ¿Con que Instrumentos de Arquitectura fuisteis probado cuando os exaltaron a Maestro?

R. Por la Escuadra y el Compás.

P. Si un Maestro se perdiera, ¿dónde lo encontraríamos?

R. Entre la Escuadra y el Compás, o bien en el Centro del Círculo.

P. Ejecutad la Batería del Grado.

R. (La ejecuta) n n n n n n n n n

P. ¿Cuál es la aclamación?

R. ¡HOUZZEI, HOUZZEI, HOUZZEI!

¡Libertad, Igualdad, Fraternidad!

P. ¿Cuál es su significado?

R. La palabra hebrea HOUZZEI, compuesta de la raíz HOU y el sufijo ZZEI significa: «Esta es mi fuerza». Libertad, Igualdad y Fraternidad, es la divisa en la que se inspiran los Masones en su comportamiento en el Templo y en su actuación en el mundo profano.

P. ¿Qué haríais si, encontrándoos en gran peligro, reclamarais el socorro de vuestros HH.·.?

R. *(Ejecuta el «Signo de Socorro» y dice)*: A M.·. LL.·. HH.·. D.·. L.·. V.·.

¡M.·.R.·.M.·. Y vuestros Hermanos no dejarán jamás de responder a vuestra demanda!

Pausa. El Venerable Maestro interviene y dice:

M.·.R.·.M.·. Hermano Experto, servíos completar esta Instrucción con el Memento del Grado. Ejecutaréis los Signos y la Marcha a medida que se os explican y estableceréis los «Cinco Puntos Perfectos de la Maestría» con el Primer Vigilante. El H.·. Exp.·. se coloca al Orden, entre Columnas y anunciará y ejecutará al mismo tiempo como sigue:

Memento del Tercer Grado

SIGNO DE ORDEN

Se pone la mano derecha horizontalmente contra el costado izquierdo, los dedos extendidos y juntos, menos el pulgar que está separado y en Escuadra.

SIGNO PENAL

Estando al Orden, desplazar horizontalmente la mano derecha de izquierda a derecha como si se cortara el cuerpo en dos mitades, después dejar caer la mano a lo largo del cuerpo.

SIGNO DE HORROR

Dejando el Signo de «Al Orden», levantar las manos por encima de la cabeza, con los dedos extendidos y separados y las palmas de las manos mirando hacia delante y, o bien guardar silencio en esa postura, o, si se opta por ello, exclamar: ¡A.·. S.·. D.·. M.·.! Después, dejar caer las manos encima del mandil para señalar la sorpresa y el horror.

SIGNO DE SOCORRO

Si un Maestro se encuentra en grave peligro, llama a sus Hermanos en su socorro con el siguiente signo: poner el pie derecho hacia atrás, el busto inclinado también hacia atrás. Levantar por encima de la cabeza las dos manos con los dedos entrelazados y las palmas de las manos hacia arriba y exclamando: ¡A M.·. LL.·. HH.·. D.·. L.·. V.·.!

TOQUE

El Toque se da, dándose recíprocamente la mano derecha y ejerciendo una presión marcada con el pulgar, sobre la unión del dedo corazón con la mano del Hermano retejado. Esta es la petición de la Palabra de Paso.

PALABRA DE PASO

T . . . .

LA MARCHA

Estando al Orden de Aprendiz, hacer los tres pasos del Aprendiz; después se pone al Orden de Compañero y se hacen los dos Pasos del Compañero. zDespués se pone al Orden de Maestro y se da un paso a la derecha, oblicuamente, con el pie derecho, levantando el pie como si se pasara por encima de la tumba y se trae el pie izquierdo al lado del derecho y se deja en Escuadra. Después se da un paso a la izquierda, en oblicuo, con el pie izquierdo, levantando el pie como si se pasara por encima de la tumba y se trae el pie derecho al lado del izquierdo y se deja en Escuadra. Finalmente se lleva el pie derecho hacia delante en oblicuo, situándolo en la línea media de la que salió y se trae el pie izquierdo contra el derecho, dejándolo en Escuadra.

LOS CINCO PUNTOS PERFECTOS DE LA MAESTRÍA

1º Cogerse mutuamente el puño derecho con la mano en forma de garra.

2º Acercarse recíprocamente los pies derechos por su parte interior.

3º Tocarse respectivamente las rodillas derechas.

4º Acercarse el pecho por la parte derecha.

5º Ponerse respectivamente las manos izquierdas sobre los hombros derechos para sujetarse más estrechamente y acercarse. Sólo en esta posición se comunica la PALABRA SAGRADA que se deletrea, por sílabas, alternativamente a cada oído.

PALABRA SAGRADA
M.·. b.·. o M.·. B.·.

EDAD
Siete años y más.

BATERÍA
*** *** ***

ACLAMACIÓN ESCOCESA
¡HOUZZEI, HOUZZEI, HOUZZEI!
¡LIBERTAD, IGUALDAD, FRATERNIDAD!

DECORACIÓN
Mandil blanco, orlado de rojo, llevando las iniciales M.·. B.·. Además, si no se ocupa cargo de oficial, se recomienda encarecidamente portar una banda azul, con bordes rojos, forrada de negro, llevada en bandolera de derecha a izquierda. Abajo una roseta, de la cual está colgada la joya de M.·. compuesta por una Escuadra y en medio la Estrella Flamígera. Durante la Ceremonia de exaltación al Tercer Grado, hasta la resurrección de Hiram, los MM.·. tendrán sus bandas vueltas del revés y los OOFF.·. sus collares. No así sus Mandiles. En Cámara del Medio todos los MM.·. pueden cubrirse la cabeza.

EPÍLOGO

Con este estudio he tratado de ofrecer el adecuado rigor masónico que merece la recopilación, a mi modo de entender, de la instrucción del grado de Maestro, cerrando el círculo virtuoso de la trilogía que intenta hacer un repaso a la historia y simbología general de los grados simbólicos del R.E.A.A.

Otro de los alicientes que me ha motivado a redactar este libro es el deseo de que el grado de Maestro pueda ser asimilado sin precipitación dentro de la concepción masónica, ritualística y simbólica de los Compañeros recién elevados. Espero que pueda convertirse en un libro de consulta y referencia, dentro de los parámetros característicos de las funciones que puedan surgir en las obligaciones de docencia de su nueva calidad masónica, en función de las necesidades de las logias.

El trabajo está concebido mediante una metódica pero escueta selección de puntos que considero esenciales para entender el grado sublime del simbolismo sin traumas simbólicos ni ritualísticos. También he procurado que este pequeño vademécum sirva para la consulta puntual, pudiéndose abrir a partir de cualquier capítulo, ya que no se ha seguido ningún guion determinado que dificulte la libre opción, evitando el encasillamiento de temas que pudieran ser enlaces puntuales de otros.

Respetando su envoltorio iniciático, me ha movido su redacción a continuar con la triple premisa de acción-reacción-síntesis, con la doble premisa de la asunción y conciliación de las vertientes espirituales y racionales que permite el rito, siempre dentro de las premisas de la libertad absoluta de conciencia.

Como es mi método y costumbre, la bibliografía no deja de ser abundante y contiene los elementos didácticos necesarios, completando un capítulo de la obra en el que propongo un elaborado pero reducido material para adornar los doseles de la biblioteca del nuevo Maestro Masón. Sin embargo, el amable lector deberá recordar las palabras de Séneca en el siglo primero de nuestra era: «Acumular libros no es sabiduría. Los libros no piensan por nosotros, no pueden reemplazar nuestra memoria activa, puesto que tan solo son meros instrumentos para ayudarnos en nuestras tareas».

Las grandes bibliotecas de la época de Séneca, como las de ahora, de cada uno de nosotros, no dejan de ser objetos inertes que no se bastan a sí mismos: requieren nuestra voluntad para cobrar vida y sernos útiles y provechosos.

Al Oriente de Barcelona, junio de 2024
Josep-Lluís Domènech Gómez, 33º

BIBLIOGRAFÍA

ALONSO CARVAJAL, Adolfo. *Filosofía (desmitificada) de la Masonería.* Ed. MASONICA, 2013.

ALVARADO PLANAS, Javier. *Apercepciones sobre la iniciación masónica.* Ed. Sanz y Torres y Ed. MASONICA, 2019.

ÁLVAREZ LÁZARO, Pedro. *La masonería, escuela de formación del ciudadano.* Universidad Pontificia de Comillas. Madrid. 1996.

AMBROSINI, Brenno. *Unidos en la diversidad fortalecidos por la fraternidad.* Kercentral Magazine. Col. De la plomada y la Palanca.

BAIDEZ LEGIDOS, Rubén. *La masonería en sus conceptos.* Ed. MASONICA, 2019.

BAYLOT, Jean. *Oswald Wirth, 1860-1943. Renovateur et mainteneur de la véritable franc-maçonnerie.* Ed. Dervy. París. 1975.

BIBLIA de Estudio Spurgeon. Holman Bible Publishers. Nashville, Tennessee, 2019 (USA).

BONGARD, Roger. *Manuel maçonnique du Rite Écossais Ancien et Accepté.* Editions Dervy. Paris. 2004.

BOUCHER, Jules. *La symbolique maçonnique.* Ed. Dervy. Paris. 1998.

BRIEM, O.E. *Les sociétés secrètes de mystères.* Éd. Payot, Paris, 1951.

BURCKHARDT, Titus. *Alchimie, sa signification et son image du monde.* Ed. Archè Milan, 1979.

CARAMÉS LAGE, José Luis. *Para una antropología masónica liberal.* Editorial Masónica. Oviedo. 2015.

–*Lo oculto y lo visible.* Ed. MASONICA, 2016.

COBOS AVILÉS, José Luis. *El método masónico.* Ed. MASONICA, 2013.

COLOM MIRALLES, Adolf. *La simbólica masónica.* Ed. MASONICA, 2010.

CONFUCIO. *I´nvariable milieu.* Imprimerie Royal. Paris.

DELCLOS, Marie. *Franc-maçonnerie et nombres.* Editions Trajectoire. Escalquens. 2017.

DELCAMP, Edmond. *La montée vers l´Orient.* E. Dervy. 1975.

DOMÈNECH GÓMEZ, Josep-Lluís. *El Venerable Maestro.* Ed. MASONICA, 2015.

-*Los Oficios de la logia.* Ed. MASONICA, 2019.

-*Las Planchas masónicas.* Ed. MASONICA, 2020.

-*Manual de procedimientos operativos de logia.* E Ed. MASONICA, 2019.

-«El áurea de la transmisión simbólica en el REAA». *Cultura Masónica.* Enero 2022 N.º 48.

-«La palabra perdida en el R.E.A.A.» *Cultura Masónica.* Enero 2023, N.º 52.

-«El Oficio de Venerable Maestro». *Cultura Masónica.* Abril 2017 N.º 29.

-*Manual de instrucción general del grado de Aprendiz.* Ed. MASONICA, 2022.

-*Manual de instrucción general del grado de Compañero.* Ed. MASONICA, 2023.

FERNÁNDEZ-PAREDES MESTRES, Ramón. *Masonería, Ética y poder.* Ed. Nous. Samos. 2015.

GALÁN Ilia. *Francmasonería. Pensamiento, historia y estética.* Ed. MASONICA, 2016.

GUÉNON, René. *Les états múltiples de l´Être.* Editoriel Vega. Paris. 1980.

VON GOETHE, Johann Wolfgang *Erich Trunz: Gedichte und Epen I.* Hamburger Ausgabe in 14 Bände, Band I, 804 Seiten, C.H. Beck 1981.

GORDON, Pierre. *La Rélévation Primitive.* Ed. Dervy. Paris. 1951.

GRAN LOGIA SIMBÓLICA ESPAÑOLA. *Guía del Tercer Grado simbólico.* GLSE, Barcelona. 2021.

GUÉNON, René. *Le Roi du Monde.* Ed. Gallimard. Paris. 1973.

-*Aperçues sur l´Initiation.* Ed. Traditionnelles, Paris. 1964.

GUERRA, Víctor. «Masonería y mujer. Composición de lugar». *Cultura Masónica* nº 5.

HAMILTON, Lawrence. Chaîne d´Union nº 12. Paris. 1872.

HEGEL, G.W.F. *Fenomenología del espíritu.* Fondo de Cultura Económica. E-book. 2017.

HERNÁNDEZ GIL, Vicente. *Masonería. Ética racionalista e Ilustración.* Ed. MASONICA, 2016.

KRAUSE, Karl C.F y SANZ DEL RIO, Julián. *Ideal de la Humanidad para la vida.* Ediciones Folio. Barcelona. 2002.

LAMOINE, Georges. *Anderson et les Constitutions, textes de 1723 a 1738.* Ed. SNES. Paris. 1995.

LAVAGNINI, Aldo. *Manual del Maestro.* Editorial Kier. Buenos Aires. 2007.

LE VRAI MAÇON. Ed. Chez l´Equerre. Philadelphie. 1806.

LIGOU, Daniel. *Constitutions d´Anderson.* Édimaf. Paris. 1987.

LOCOCO, Nicola. *La Ilustración iniciada.* Ed. MASONICA, 2016.

MAINGUY, Irene. *La franc-maçonnerie clarifiée pour ses initiés. Le Maître.* Editions Dervy. Paris. 2018.

MACKEY, Albert Gallatin. *Historia de la masonería.* Vol. II Ed. Ed. MASONICA, 2023.

-*Los fundamentos de la ley masónica.* Ed. MASONICA, 2020.

MARCO AURELIO. *Meditaciones.* Editorial Losada. Madrid. 2018.

MAQUIAVELO. *El Príncipe.* Alianza Editorial. Madrid. 2010.

MENDEZ-TRELLES DÍAZ, Ignacio. *Textos fundamentales de la masonería.* Ed. MASONICA, 2008.

MORENO MORENO, Alberto. *Iniciación mística y ritual masónico.* Ed. MASONICA, 2019.

-*El origen de los grados masónicos.* Ed. MASONICA, 2017.

-*La regla benedictina y el ritual masónico.* Ed. MASONICA, 2020.

NAUDON, Paul. *Hiram et le Minotaure.* Ed. G. Trédaniel, Paris, 1990

ORTIZ-OSÉS, Andrés y OTAOLA, Javier. *Masonería y hermenéutica.* Ed. MASONICA, 2017.

PLANAS RUFINO, Patricia. «La maestra masona ante el mito de Hiram», *Cultura Masónica,* Número 43, octubre 2020.

PLATÓN, *La República.* Editorial Austral. Barcelona, 2011.

PORSET, Charles. *Oser penser! Notes intempestives d´histoire maçonnique.* Editions a l´Orient. Paris. 2012.

PRAGMAN, Jiri. *L´Internet est-il maçonnique?* Éditions Ivoire clair. Paris 2008.

RAGON, Jen-Marie. *Francmasonería. Ritual de grado de Maestro.* Ediciones Idea. Tenerife. 2010.

RAMPNOUX, René y PAGE, Francisco Javier. *La filosofía llama a la puerta de la logia.* Ed. MASONICA, 2019.

RANDOUYER. Françoise. *Beneficencia masónica: Teoría y práctica.* Textes. Univ. Paris-Sorbonne.

RIFFARD, Pierre A. *Diccionario del esoterismo.* Alianza Editorial. Madrid. 1987.

RUIZ, J. y RUIZ, C. *Ritual del Maestro Masón.* Imprenta Moreno y Rojas. Madrid.

SAN AGUSTÍN. *La ciudad de Dios.* Editorial Homo Legens. Madrid. 2006.

SÉNECA, Lucio Anneo. *La brevedad de la vida.* Editorial Herder. Barcelona 2024.

-*Cartas a Lucilio.* Editorial Ariel. Barcelona. 2022.

-*Sobre la muerte del hermano.* Guillermo Escolar Editor. Madrid. 2022.

TEJERINA, Ascensión. «La mujer en la masonería». *Cultura Masónica* nº 5.

VVAA. *Cultura Masónica. Maestro Masón. El Tercer Grado. n.º 43.* Ed. MASONICA, 2020.

VVAA. *Ritual de Segundo Grado Simbólico.* GLSE. Barcelona 2011.

VERNEAUX, R. *Carta a Meneceo, textos de los grandes filósofos, Edad Antigua,* Herder Ed. Barcelona 1982.

VVAA. *Ritual de Tercer Grado Simbólico.* GLSE. Barcelona. 2011.

VVAA. CULTURA MASÓNICA. Año IX N.º 30, Ed. MASONICA, 2017.

VLASTOS. Gregory. *The Socratic elenchus.* Oxford U. Press. 1983.

WEBB. Thomas S. *El monitor de los masones.* Ed. MASONICA, 2020.

WIRTH, Oswald. *El Libro del Maestro Masón.* Ed. MASONICA, 2017.

Este manual de instrucción masónica
se terminó de componer en las
colecciones de la editorial
M A S O N I C A ®
el día 7 de agosto
del año 2024.